Trudo Toren in cijfers

ROUTE 1

CENTRUM, DE BERGEN & STRIJP-S+R

OVER DE ROUTE

Deze route geeft je een goed beeld van de veelzijdigheid van Eindhoven. Je begint in het hart van de stad, waar je lekker kunt ontbijten en leuk kunt shoppen in de wijk de Bergen of een museum kunt bezoeken in het centrum. Via het oude Philipsdorp kom je vervolgens in het getransformeerde Strijp-S, waar je hippe winkels en restaurants vindt. Op Strijp-R sluit je af met proeven aan Dutch Design.

DE WIJKEN

Waar in het 'gewone' centrum minder gevoel van historie te vinden is vanwege oorlogsvernielingen en sloop in de jaren 60-70, is dat in de wijk **De Bergen** anders. Daar vind je nog historische pandjes, waar de meer bijzondere winkels en eettentjes van kleine zelfstandigen in gevestigd zijn. De **Bergstraat** en de **Kleine Berg** staan bekend als de chiquere straatjes, waar de welvermogende Eindhovenaar zijn geld uitgeeft in de horeca of een van de boetieks. Bij mooi weer is het op straat en op de terrassen van de Kleine Berg zien en gezien worden. Om 's avonds uit te gaan, ga je naar **Stratumseind**, waar de clubs en kroegen elkaar afwisselen.

Het centrumgebied rond de **Emmasingel** laat al wat van de impact van Philips op de stad zien. Hier startte in 1891 Gerard Philips met een gloeilampenfabriek, die er nog steeds staat en tegenwoordig het **Philips Museum** huisvest. In andere oude Philipsgebouwen zoals de Witte Dame, de Bruine Heer en de Lichttoren vind je nu moderne winkels en restaurants, de bibliotheek en de wereldberoemde Design Academy. De bijzondere architectuur van de **Blob** steekt mooi af tegen die oudere gebouwen.

Strijp-S stond vroeger bekend als de 'Verboden Stad', waar alleen Philipsmedewerkers met een toegangspas naar binnen konden. Nadat de fabrieken sloten gebeurde er jarenlang niets met het terrein, maar nuu is het juist een

Much to do, more to see

Hi!

Wat goed dat je onze stedengids te pakken hebt, want **time to momo** maakt je stedentrip écht veel leuker! Met deze gids op zak loop je vanuit de trein regelrecht naar de leukste wijk van de stad. Op weg naar nieuwe restaurantjes, de beste koffie en dat lokaal gebrouwen biertje. In de gidsen en op de website van time to momo delen onze **lokale auteurs** uit liefde voor hún stad **alleen de echte highlights** met je. Zo sla je de drukke dertien-in-een-dozijn-winkelstraten over en wandel je, terwijl je onderweg een must-see meepikt, op je gemak naar **toffe adressen** waar de locals zelf ook graag komen. Zonder dat je je hoeft voor te bereiden! Want dat hebben wij al voor je gedaan. Geen van de adressen die we beschrijven, heeft voor vermelding betaald; de gids is samengesteld door een onafhankelijke redactie.

Ook in deze gekke tijd laten we je zien dat je niet het vliegtuig hoeft te nemen voor een leuke stedentrip. We gaan ervan uit dat je in het voorjaar weer voorzichtig op pad kunt in Nederland en België. Daarom selecteerden wij **vijf bruisende steden** die je gewoon met de trein kunt bezoeken. Lekker dichtbij, je bent er zo!

Enjoy!

team time to momo

HAAL ALLES UIT JE STEDENTRIP!

VOOR DE LAATSTE TIPS: WWW.TIMETOMOMO.COM OF VOLG ONS OP
@TIMETOMOMO_COM @TIMETOMOMO
LAAT ONS MEEGENIETEN VAN JOUW STEDENTRIP VIA **#TIMETOMOMO**

EINDHOVEN

FIJNE ENERGIE & BRABANTSE GEZELLIGHEID

CITY HIGHLIGHTS

VAN ABBEMUSEUM + STRIJP-S + DOWNTOWN GOURMET MARKET + CATHARINAKERK + PIET HEIN EEK

DE STAD

Eindhoven is een stad die bruist van de energie, met een fijne **internationale vibe**. In het centrum merk je aan het grote aantal studenten en jonge expats dat het een relatief jonge, moderne stad is. Vanwege het innovatieve design- en tech-karakter heeft Eindhoven wereldwijd een grote aantrekkingskracht.

Eindhoven is de stad waar **Philips** zijn oorsrpong heeft. De enorme impact van Philips op Eindhoven is overal in de stad nog te zien en te voelen. Veel van de oude fabrieksgebouwen zijn bewaard gebleven en hebben nu een andere functie. En het voormalige Philipsterrein **Strijp-S** wordt beetje bij beetje getransformeerd tot de meest hippe wijk van Eindhoven.

Die historie, gecombineerd met het moderne design- en hightech karakter, maakt Eindhoven tot de plek die het nu is: een moderne hippe stad met **Brabantse gezelligheid** en een **rauw randje**. En een mooie mix van oude Philipshistorie en moderne gebouwen die elkaar afwisselen in de bruisende wijken, zowel in het centrum, de Bergen, als op Strijp-S en -R.

In Eindhoven valt verrassend veel te ontdekken. Er zitten genoeg (soms verstopte) pareltjes op gebied van eten en drinken, shoppen en leuke dingen doen, vaak in bijzondere voormalige Philipsgebouwen.

open en vernieuwende wijk waar veel creatievelingen wonen en werken. Hippe start-ups vestigen zich hier graag, wat zich ook uit in het steeds bredere aanbod aan leuke winkels en eetplekjes in de voormalige Philipsfabrieken. Op het aangrenzende **Strijp-R** zijn veel Philipsgebouwen gesloopt en vind je nu een moderne woonwijk met middenin de Dutch Design hotspot van Piet Hein Eek.

WEINIG TIJD? DIT ZIJN DE HOOGTEPUNTEN:
DE KLEINE BERG + URBAN SHOPPER + INTELLIGENTIA TASTE ROOMS + PHILIPS MUSEUM + KAZERNE

TIPS
// Je kunt de route goed splitsen
// Strijp-S is vooral in het weekend leuk
// Kijk goed om je heen voor verborgen streetart

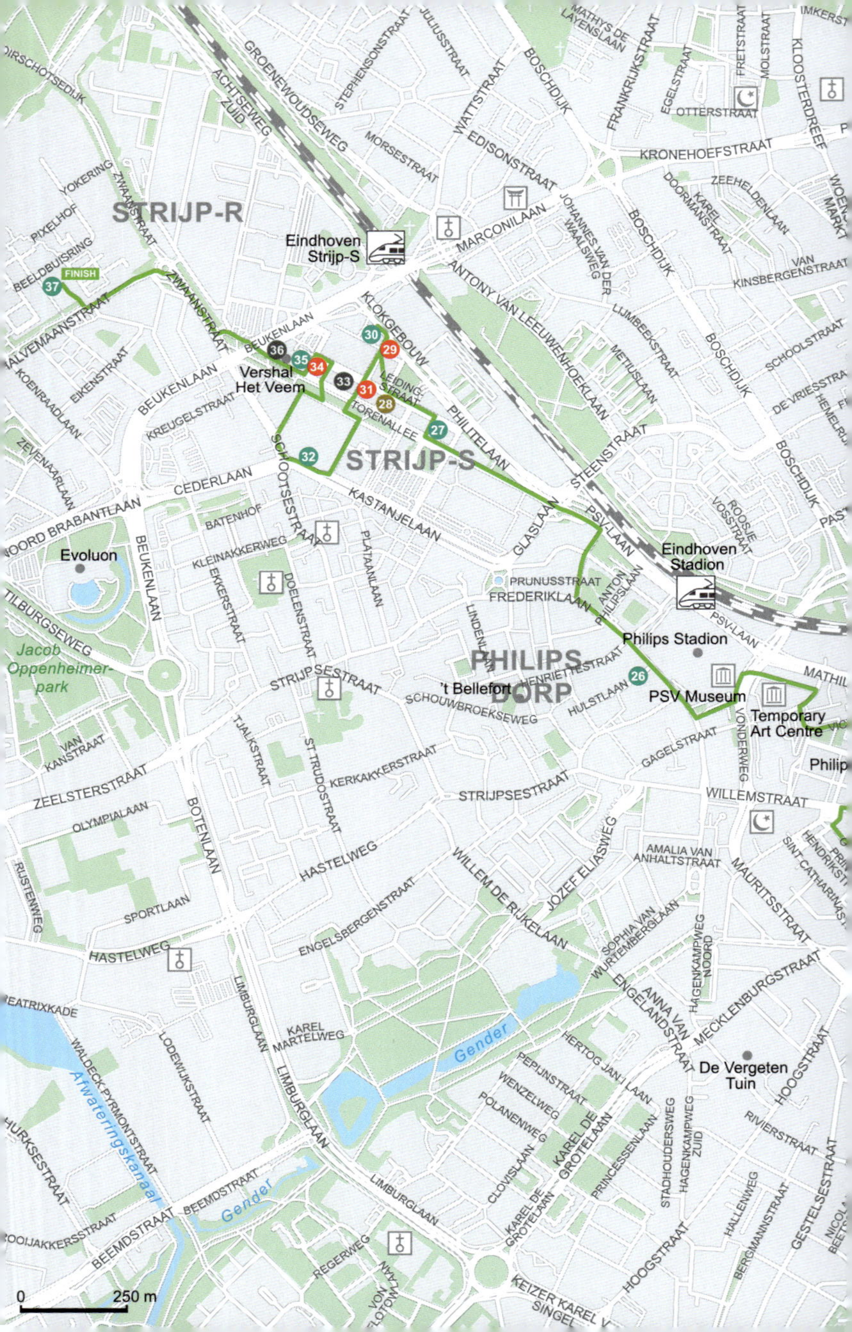

STRIJP-R
STRIJP-S
PHILIPS-DORP
Eindhoven Strijp-S
Eindhoven Stadion
Vershal Het Veem
Evoluon
Jacob Oppenheimer-park
Philips Stadion
PSV Museum
Temporary Art Centre
't Bellefort
De Vergeten Tuin
FINISH
Gender
Afwateringskanaal
0
250 m

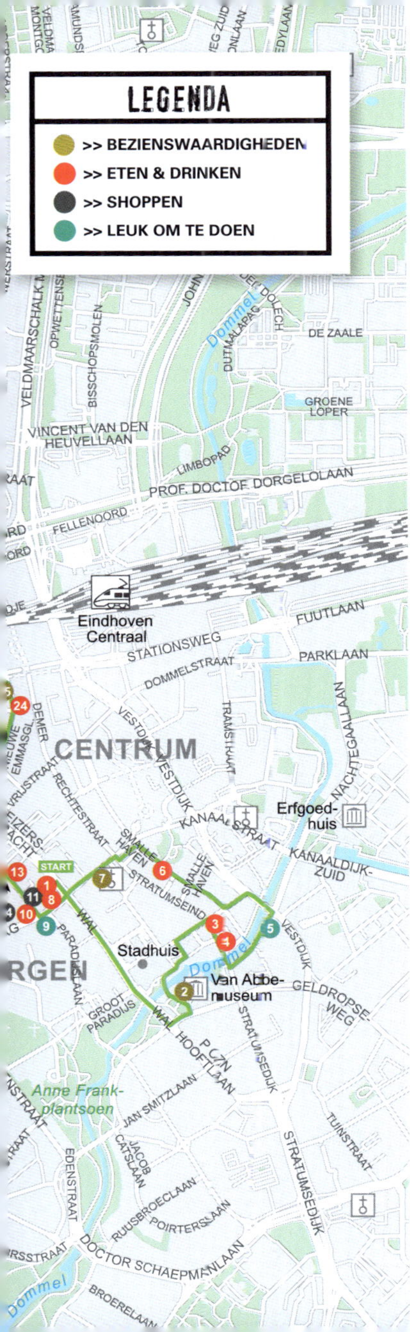

EINDHOVEN CENTRUM, DE BERGEN & STRIJP S+R

1. Meneer De Boer
2. Van Abbemuseum
3. Bar Bistro Calypso
4. Valenzia
5. Stadsbrouwerij Eindhoven
6. Down Town Gourmet Market
7. Catharinakerk
8. De Karseboom
9. Kazerne
10. The Corner
11. Walther Apparel for Men / Magda Boutique
12. Bean Brothers
13. Aprazível
14. Mase Conceptstore
15. Eppo Stripspeciaalzaak
16. Label
17. Kleine Berg
18. Gezana
19. Deense Kroon
20. STED
21. DENF Coffee
22. Philips Museum
23. Boekhandel Van Piere
24. The Happiness Café
25. De Blob / Lichttoren
26. Philipsdorp
27. Yksi Expo en Winkel
28. MU Hybrid Art House
29. Het Ketelhuis
30. De Machinekamer
31. Intelligentia Taste Rooms
32. NatLab
33. Urban Shopper
34. Coffeelab Strijp-S
35. Enversed
36. Brouwerij het Veem
37. Piet Hein Eek

ROUTEBESCHRIJVING (ca. 7,3 km)

Start de route met een ontbijtje 1 en loop daarna via de Keizersgracht en de Wal richting het Van Abbemuseum 2. Steek via het bruggetje de Dommel over en loop naar het pleintje op Stratumseind voor een vegan lunch 3 of reserveer alvast voor een diner 4. Steek daarna opnieuw de Dommel over en ga linksaf de Bleekweg in. Even verderop kun je genieten van een bierproeverij 5. Sla op de Vestdijk linksaf, neem de eerste links en daarna de eerste rechts, het College in. Via dit groene straatje kom je bij de hippe foodhall 6 waar je lekker kunt lunchen en borrelen. Sla linksaf op het Catharinaplein en bezoek de kerk 7. Loop rechts langs de kerk door de Kerkstraat en steek de Keizersgracht over naar de Grote Berg. Hier eet je in Eindhovens oudste eetcafé 8, bezoek je moderne designexposities 9 of lunch je in Marokkaanse sfeer 10. Sla rechtsaf de pittoreske Bergstraat in. Hier vind je kleine boetieks en fijne eetplekjes 11 12 13 14. Ga aan het einde van de straat naar links de Kleine Berg op, vol leuke winkeltjes 15 16 en horecagelegenheden 17. Loop de straat op en neer en sla vervolgens de Heilige Geeststraat in. Loop de straat helemaal uit tot het Wilhelminaplein. Ga hier naar rechts en nogmaals rechtsaf, de Willemstraat in. Hier vind je Eritrees eten 18 en Scandinavische mode en design 19 20. Steek over richting het groene Clausplein voor een goede kop koffie 21. Steek daarna de Emmasingel over en leer over de historie van Philips 22. Op de Nieuwe Emmasingel kun je snuffelen tussen boeken 23 en gezond lunchen 24. Daarna loop je naar de bekende fotoplek waar oud en nieuw bij elkaar komen 25. Loop langs de Lichttoren naar het Victoriapark, een verrassend pleintje met leuke horecatentjes. Vervolgens loop je via de Ventoselaan richting het Philips Stadion in het oude Philipsdorp 26. Via de Torenallee kom je Strijp-S binnen, waar je eerst kunt genieten van design 27 en hedendaagse kunst 28 en daarna lekker gaat eten of shoppen in een van de oude Philipsgebouwen 29 30. Stop voor een ijsje 31 of bezoek een film in het Natlab 32. Winkel daarna in de Urban Shopper 33, drink een kop koffie 34, ontsnap uit een digitale escaperoom 35 of koop nog wat speciaalbiertjes voor thuis 36. Vervolg de route via de Zwaanstraat naar Strijp-R en sluit de dag af met Dutch Design 37.

PHILIPS

BEZIENSWAARDIGHEDEN

② Voor liefhebbers van moderne en hedendaagse kunst is het **Van Abbemuseum** een echte must visit. Niet alleen de collectie, met werken van Picasso, Mondriaan en Kandinsky, is de moeite waard. Ook het gebouw zelf is heel bijzonder, met een ouder pand dat is aangemerkt als rijksmonument en dat naadloos overgaat in een moderne aanbouw. Na je bezoek aan het museum kun je genieten van een hapje en drankje in museumcafé Karel 1.
bilderdijklaan 10, vanabbemuseum.nl, telefoon 0402381000, open di-zo 11.00-17.00, entree € 13, bus 17 stadhuisplein

⑦ Op de plek waar de **Catharinakerk** nu staat, stond al in de middeleeuwen een voorloper. Die kerk kreeg het zwaar te verduren door verschillende oorlogen, vernielingen en branden, en werd uiteindelijk in 1859 gesloopt. In 1861 begon de bouw van de huidige neogotische kerk, naar ontwerp van de bekende architect Pierre Cuypers. Als je voor het gebouw staat, zie je door glazen platen in de grond overblijfselen van de opgravingen uit 2003 waarbij honderden middeleeuwse skeletten werden gevonden.
catharinaplein 1, parochiesintjoris.nl, telefoon 0402110467, open di-za 10.00-16.30, zo 11.00-16.30, entree gratis, bus 15, 16, 17, 18, 19, 319 keizersgracht

㉒ Op de plek waar Gerard Philips in 1891 begon met zijn gloeilampenfabriek, staat nu het **Philips Museum**. Hier kun je je onderdompelen in de geschiedenis van Eindhovens belangrijkste werkgever, die een grote bijdrage leverde aan de ontwikkeling en groei van de stad. Tegenover het museum vind je de Witte Dame, zoals het markante witte gebouw heet. Het is ontworpen door de 'huisarchitect' van Philips, Dirk Roosenburg. Hier produceerde Philips vroeger radio's. Nu biedt het gebouw onderdak aan de bibliotheek en de internationaal hoog aangeschreven Design Academy Eindhoven, waar de bekende Nederlandse ontwerpers Hella Jongerius, Maarten Baas en Piet Hein Eek ooit studeerden.
emmasingel 21, www.philips.nl/a-w/philips-museum.html, telefoon 0402359030, open di-zo 11.00-17.00, entree € 9, bus 15, 16, 17, 18, 19, 114, 319 witte dame

㉕ Het Binary Large Object, afgekort tot **De Blob**, weerspiegelt duidelijk het techniek- en designimago van de stad. Dit bijzondere bouwwerk van architect

2
ABBEMUSEUM

28

25

Massimiliano Fuksas is gemaakt met veel glas en staal en heeft een grillige vorm die nog het meest op een reusachtige druppel lijkt. Met zijn futuristische uitstraling steekt het mooi af tegen de historische **Lichttoren** aan de overkant van de straat, tevens een ontwerp van de 'huisarchitect' van Philips, Dirk Roosenburg. Op de bovenste etage van dit gebouw testte Philips vroeger de levensduur van gloeilampen. Er brandde altijd licht, vandaar de naam. Onderin vind je nu Grand Café Usine, waar je kunt lunchen en dineren.
nieuwe emmasingel 2, bus 103, 401, 402, 403 piazza

(28) Voor moderne kunstexposities in een mengvorm van fysiek en digitaal ga je langs bij **MU Hybrid Art House**. De tentoonstellingen behandelen vaak actuele thema's zoals de extreme tegenstellingen die heersen in de hedendaagse maatschappij. Niet alleen het bekijken van kunst vinden ze belangrijk bij MU, maar vooral ook het begrijpen en ervaren ervan.
torenallee 40-06, mu.nl, telefoon 0402961663, open ma-vr 10.00-18.00, za 11.00-17.00, zo 13.00-17.00, entree € 5, bus 401, 402, 403 cederlaan, trein strijp-s

ETEN & DRINKEN

① Eigenaren Maurice en Sabine van **Meneer De Boer** maken de hele dag ontbijtjes klaar. Bij deze knusse zaak met *breakfast all day*-concept bestel je heerlijke pannenkoekjes, yoghurt met granola of een stevig anti-katerontbijt.
keizersgracht 20, meneerdeboer.nl, telefoon 0408424150, open ma-vr 7.00-16.00, za-zo 8.00-16.00, prijs ontbijt € 11,50, bus 15, 16, 17, 18, 19, 319 keizersgracht

③ Op een gezellig pleintje op Stratumseind vind je vegan **Bar Bistro Calypso.** Het eten hier is simpel, maar wel heel goed en lekker – en alles *plant-based.* Probeer de shoarmawrap of falafelburger, of bestel samen een tapasplank.
stratumseind 83, www.bistrocalypso.nl, telefoon 0403680691, open wo-do 12.00-22.00, vr-za 12.00-0.00, zo 12.00-22.00, prijs € 11, bus 17 stadhuisplein

④ Wil je een hele avond tafelen en proeven van bijzondere Spaans-Aziatische gerechten, dan moet je bij **Valenzia** zijn. Bij dit restaurant van de Eindhovense topchef Adrian Zarzo eet je heerlijke 'gastro-tapas', onder het genot van een mooie wijn. Vooraf reserveren is aan te raden. Om de hoek vind je Adrians sterrenrestaurant Zarzo (Bleekweg 7).
stratumseind 103, valenzia.nl, telefoon 0407600096, open wo-za vanaf 17.00, zo vanaf 13.00, prijs 3-gangen tapasmenu € 37,50, bus 17 stadhuisplein

⑥ Heb je zin in Italiaans, Spaans, Indonesisch of Turks? Of wil je een burger, sushi of ijs? Bij **Down Town Gourmet Market**, een toffe foodhall in hartje centrum, vind je meer dan twintig eettentjes onder één dak.
smalle haven 2-14, www.downtowngourmetmarket.com, open di-vr 15.00-23.00, za-zo 12.00-23.00, bus 7, 11, 12, 24, 320, 324 smalle haven

⑧ **De Karseboom** is het eerste eetcafé van Eindhoven en bestaat al sinds 1941. Er hangt een fijne huiskamersfeer, en ook in de verstopte binnentuin is het goed toeven. Op de kaart vind je verschillende vlees- en visgerechten en ook goede vegetarische opties.
grote berg 10, www.dekarseboomeindhoven.nl, telefoon 0402447494, open ma-wo 15.30-22.00, do-za 15.30-23.00, zo 15.30-22.00, prijs € 19, bus 15, 16, 17, 18, 19, 319 keizersgracht

⑩ **The Corner** is een kleine ontbijt- en lunchplek waar een Frans-Marokkaans sfeertje heerst. Altijd goed als je zin hebt in een rijk belegd broodje, een heerlijke pannenkoek, een uitsmijter of toch liever een Marokkaanse tajine.
grote berg 22, fb thecornereindhoven, telefoon 0402988007, open ma & wo-vr 9.00-18.00, di 12.00-18.00, za 11.00-18.00, zo 11.30-18.00, prijs broodje € 9, bus 15, 16, 17, 18, 19, 319 keizersgracht

⑫ Je zult niet gauw toevallig bij **Bean Brothers** naar binnen lopen. Verstopt in een steegje tref je deze koffiebranderij waar ze elke week hun eigen koffiebonen branden. In de espressobar proef je de koffies, met een heerlijk stuk taart erbij.
bergstraat 14a, www.beanbrothers.nl, telefoon 0407510707, open di-za 10.00-17.00, zo 12.00-17.00, prijs koffie € 4, bus 15, 16, 17, 18, 19, 319 keizersgracht

⑬ **Aprazível** betekent 'aangenaam' in het Portugees, en dat is het zeker bij dit luxe restaurant met Braziliaanse en Portugese invloeden. Je kunt hier heerlijk lunchen, maar vooral voor het diner is Aprazível een fijne plek. Laat je verrassen door de chef! Reserveren is verstandig.
bergstraat 3f, aprazivel.nl, telefoon 0403045555, open di-za 12.00-22.00, prijs € 28, bus 15, 16, 17, 18, 19, 319 keizersgracht

⑰ Een van de leukste straatjes van Eindhoven is de **Kleine Berg**. Hier vind je allerlei bijzondere winkeltjes maar vooral ook veel fijne eetadresjes. Ga voor een heerlijke grill-ervaring naar **The Roast Club**, of geniet van de Italiaanse keuken in de binnentuin van **Mangiare**. Bij **Lucie Cocina Bar** word je getrakteerd op Spaanse tapas, en wil je uitgebreider en luxer tafelen dan is **Welp** de plek voor jou. Gezellig borrelen doe je bij **Mathilde** of wijnbar **L'Avenue**.
kleine berg, bus 15, 16, 17, 18, 19, 319 keizersgracht

⑱ Lekker met je handen eten, dat doe je bij Eritrees restaurant **Gezana**. Centraal in de Eritrese keuken staat de *injera*, een soort pannenkoek waarvan je stukjes afscheurt die je dipt in verschillende puree- en stoofgerechtjes. Vóór het eten worden je handen aan tafel gewassen. Traditioneel sluit je het diner af met supersterke koffie, die ze zelf vers hebben gebrand.
willemstraat 37, www.gezana-eindhoven.com, telefoon 0408459493, open di-do 16.00-21.30, vr-za 16.00-22.00, zo 16.00-21.30, prijs € 17, bus 14, 114 wilhelminaplein

34
BLA
BLAH
BLA

8

31

34
PIN ONLY
adidas

29

24

21 Goede koffie, een ongedwongen sfeer en fijne bediening, dat kenmerkt **DENF Coffee**. Je vindt deze koffiebar aan een heerlijk groen plein, onder in het oude Philipspand de Witte Dame. Je kunt er ook ontbijten en lunchen met een telkens wisselende compacte kaart.
clausplein 4, www.denfcoffee.com, telefoon 0407510389, open ma-vr 8.00-18.00, za-zo 9.00-18.00, prijs lunch € 9, bus 15, 16, 17, 18, 19, 114, 319 witte dame

24 **The Happiness Café** is een frisse ontbijt- en lunchplek waar alles zelfgemaakt is, met aandacht voor gezonde voeding. Aanraders zijn de breakfast bowls, fijne smoothies, brunchplankjes en verschillende soorten bananenbrood. Ze hebben ook een tweede locatie, aan de Nieuwstraat 25.
nieuwe emmasingel 9, thehappinesscafe.nl, telefoon 0408437134, open dagelijks 9.00-17.00, prijs lunch € 12,50, bus 103, 401, 402, 403 piazza

29 Midden in de voormalige 'Verboden stad' vind je **Het Ketelhuis**. Oorspronkelijk door Philips gebouwd voor het opwekken van perslucht en elektriciteit om alle omliggende fabrieken draaiende te houden, is het nu een gezellig restaurant met

terras. Er wordt gekookt met verse producten (bijvoorbeeld met honing van de bijenkolonie op hun eigen dak) en elke week is er een wisselend menu. Ook een fijne plek om te borrelen.
ketelhuisplein 1, www.ketelhuis.com, telefoon 0687247348, open wo-do 11.00-0.00, vr-zo 11.00-1.00, prijs € 19,50, bus 401, 402, 403 glaspoort, trein strijp-s

(31) Een Instagramwaardig interieur en niet alledaagse ijssmaken maken **Intelligentia Taste Rooms** tot een populaire ijssalon. De zwarte hoorntjes zijn echte eyecatchers. Neem je ijsje lekker mee naar buiten en eet het op terwijl je de iconische blauwe trappen van de Leidingstraat beklimt en geniet van het uitzicht over Strijp-S.
leidingstraat 27, www.intelligentia.nl, telefoon 0402983303, open ma-do 18.00-21.00, vr-zo 13.00-22.00, prijs ijsje vanaf € 1,70, bus 401, 402, 403 glaspoort, trein strijp-s

(34) Bij **Coffeelab Strijp-S** drink je niet alleen lekkere koffie. Ze serveren ook een prima biologische of vegan lunch met dik belegde boterhammen en goede salades. Neem ook een kijkje in de kleine 'supermercado' en scoor bijvoorbeeld zo'n heerlijke zak zelfgebrande koffiebonen voor thuis.
leidingstraat 45, www.coffeelab.nl/strijp-s, telefoon 0883463400, open dagelijks 10.00-18.00, prijs lunch € 8, bus 401, 402, 403 cederlaan, trein strijp-s

SHOPPEN

(11) Bij **Walther Apparel for Men** vind je als man genoeg leuks om je hele portemonnee leeg te kopen. Voor deze kledingwinkel selecteert eigenaar Walter persoonlijk zijn collectie van luxe en hippe herenmerken met een verhaal. Een paar deuren verder zit **Magda Boutique** (Bergstraat 43), de vrouwelijke tegenhanger van Walters zaak, met veel duurzame merken kleding en accessoires voor vrouwen.
bergstraat 35, waltherapparel.nl, telefoon 0407370002, open di-do 11.00-19.00, vr 10.00-21.00, za 10.00-18.00, zo 13.00-17.00, bus 15, 16, 17, 18, 19, 319 keizersgracht

(14) Voor bijzondere baby- en kinderkleding of accessoires voor de kinderkamer moet je bij **Mase Conceptstore** zijn. Mooi speelgoed, duurzame kledingmerken

en originele (kraam)cadeautjes: de keuze is ruim, ook al is de winkel niet groot. Fun fact: De winkel is vernoemd naar Mason, het zoontje van de eigenaresse.
bergstraat 12, maseconceptstore.com, telefoon 0408455948, open di-za 10.00-17.00, bus 15, 16, 17, 18, 19, 319 keizersgracht

(15) Al meer dan veertig jaar een begrip op de Kleine Berg: **Eppo Stripspeciaalzaak**. De grote raket voor de deur kun je niet missen! Binnen tref je een overweldigend aanbod aan stripboeken en allerlei andere artikelen die met strips te maken hebben. De enthousiaste medewerkers helpen je graag.
kleine berg 33, eppo.nl, telefoon 0402441882, open di-do 11.00-18.00, vr 11.00-21.00, za 11.00-17.00, bus 15, 16, 17, 18, 19, 319 keizersgracht

(16) Van de straat af gezien geeft het pand van **Label** misschien een wat gesloten indruk. Laat je daar vooral niet door afschrikken, want binnen word je hartelijk ontvangen door eigenaresse Pleuni. Er is keuze uit veel merken vrouwenkleding en accessoires, die allemaal laagdrempelig, vrouwelijk en vrolijk zijn.
kleine berg 30, label-eindhoven.nl, telefoon 0402449077, open ma 12.00-18.00, di-do 10.30-18.00, vr 10.30-21.00, za 10.30-17.00, zo 12.00-17.00, bus 15, 16, 17, 18, 19, 319 keizersgracht

(19) Ben je op zoek naar een nieuwe outfit in Scandinavische stijl, dan zit je goed bij de hippe conceptstore **Deense Kroon**. Eigenaresse Iris en haar team helpen je met liefde en enthousiasme aan een nieuwe look van de mooiste, vooral Deense merken. In de winkel vind je dames- en herenmode en accessoires van onder andere JUST, Modström, Revolution en Woden.
willemstraat 17, www.deensekroon.nl, telefoon 0402511188, open di-do 10.00-18.00, vr 10.00-21.00, za 10.00-17.00, zo 12.30-17.00, bus 15, 16, 17, 18, 19, 114, 319 witte dame

(20) **STED** (Deens voor 'plek') is de Scandinavische woonwinkel van Robbert. Na een aantal jaar in de marketing vond hij het tijd voor een switch en volgde zijn passie: een eigen interieurzaak. In een karakteristiek pand in de Willemstraat presenteert hij nu een mooie collectie woonaccessoires, cadeaus en meubels van bekende Deense en Zweedse designmerken zoals Muuto, HAY en String.
willemstraat 11, stedstore.nl, telefoon 0614427056, open di-do 10.00-18.00, vr 10.00-20.00, za 10.00-17.00, zo 12.00-17.00, bus 15, 16, 17, 18, 19, 114, 319 witte dame

19

15

11

Scandinavian design

(23) Al meer dan 170 jaar is **Boekhandel Van Piere** een begrip in de stad. Hier ga je naartoe voor goede service, vriendelijkheid en medewerkers die écht verstand hebben van boeken. In het souterrain van de winkel sta je feitelijk in het gebouw de Bruine Heer, waar vroeger het hoofdkantoor van Philips gevestigd was. Je vindt er nu een koffiebar van **Coffeelovers**. Onder het genot van een kopje koffie blader je alvast door je nieuwste aankopen

nieuwe emmasingel 48, vanpiere.nl, telefoon 0402492002, open ma 11.00-18.00, di-do & za 9.30-18.00, vr 9.30-21.00, zo 12.00-17.00, bus 15, 16, 17, 18, 19, 114, 319 witte dame

(33) In de verzameling kleine winkeltjes binnen de **Urban Shopper** is ieder zaakje uniek. Ga voor bijzondere kinderboeken naar **De Boekenberg**, voor kleurrijke woonaccessoires naar **Timeless** en voor gadgets en lokaal design naar **Brainstores**. Laat je verrassen door het diverse aanbod in dit mini-winkelcentrum onderin een oude Philips fabriekshal..

torenallee 60, www.urbanshopper.nl, open wo-vr 11.00-18.00, za 11.00-17.00, zo 12.00-17.00, bus 401, 402, 403 cederlaan, trein strijp-s

(36) De bierwinkel van **Brouwerij het Veem** heeft een uitgebreid aanbod met wel 600 verschillende (speciaal)bieren van over de hele wereld. Daaronder uiteraard ook hun eigen Eindhovense brouwsels. In het aangrenzende proeflokaal kun je er veel van proberen, op tap en uit fles.

torenallee 86, www.brouwerijhetveem.nl, telefoon 0683993642, open winkel ma-za 10.00-19.00, zo 12.00-19.00, proeflokaal ma-di 16.00-20.00, wo-za 12.00-0.00, zo 12.00-22.00, bus 401, 402, 403 cederlaan, trein strijp-s

LEUK OM TE DOEN

(5) Benieuwd hoe bier geproduceerd wordt? Reserveer dan een rondleiding in **Stadsbrouwerij Eindhoven** voor een kijkje tussen de zakken hop en bierketels. Je kunt in het bijbehorende Café 100 Watt ook genieten van verschillende bierproeverijen of meer leren over bier tijdens een van de biermasterclasses.

bleekweg 1, cafe100watt.nl, telefoon 0408428000, open ma-di 15.00-23.00, wo-do 15.00-0.00, vr-za 12.00-1.00, zo 12.00-22.00, prijs proeverij € 25, bus 17 stadhuisplein

⑨ Multifunctioneel complex **Kazerne** is gehuisvest in een voormalige marechausseekazerne uit 1825, een van de eerste die in Nederland werden gebouwd. Je vindt er een hotel, twee stijlvolle restaurants (Kazerne en Benz), een designshop en een sfeervolle binnentuin. In de ruime, moderne expositiehal bewonder je regelmatig nieuwe tentoonstellingen van binnen- en buitenlandse designers.
paradijslaan 2-8, kazerne.com, telefoon 0402073730, open expo & restaurant kazerne dagelijks 12.00-0.00, restaurant benz wo-do vanaf 17.30, vr vanaf 18.00, za vanaf 12.00, shop ma-vr 10.00-18.00, za-zo 11.00-17.00, entree exposities gratis, bus 15, 16, 17, 18, 19, 319 keizersgracht

㉖ Begin 20e eeuw bouwde Philips als sociale werkgever zelf een wijk met woningen en allerlei voorzieningen voor zijn werknemers, het **Philipsdorp**. Waar nu het PSV-stadion ligt, was vroeger het sportveld voor de mederwerkers. Stap binnen bij duurzame supermarkt **Eten zonder Streken**, gevestigd in het pandje waar de allereerste Etos ooit zat. Etos werd door Philips opgericht als onderdeel van een kruideniers- en drogisterijketen voor het personeel. Maak ook een stop bij het **Koffiehuisje**. Overal in deze voormalige arbeiderswijk vind je grote plakkaten met foto's van hoe het er vroeger was. Zeker de moeite waard om lekker doorheen te dwalen.
frederiklaan, bus 401, 402, 403 philips stadion

㉗ **Yksi Expo en Winkel** geeft een platform aan (jonge) ontwerpers die zich bezighouden met technologie en Dutch Design. Bekijk de exposities, die vaak met het thema duurzaamheid en circulariteit te maken hebben. Neus door de leuke spulletjes in de winkel en neem een stukje design uit Eindhoven mee naar huis. Bij **Tea Stories** kun je genieten van heerlijke theesoorten die de Italiaanse eigenaresse Lucia persoonlijk heeft geselecteerd.
torenallee 22-04, www.yksiexpo.nl, telefoon 0407805033, open expo & winkel di-vr 11.00-17.30, za 11.00-17.00, tea stories di-zo 11.00-18.00, bus 401, 402, 403 glaspoort, trein strijp-s

㉚ In **De Machinekamer** krijg je nog een goede indruk van hoe het er hier in de Philipsdagen uitzag. De oude machines zijn bewaard gebleven en het pand heeft nog steeds een erg industrieel karakter. De invulling is wel een stukje moderner

26

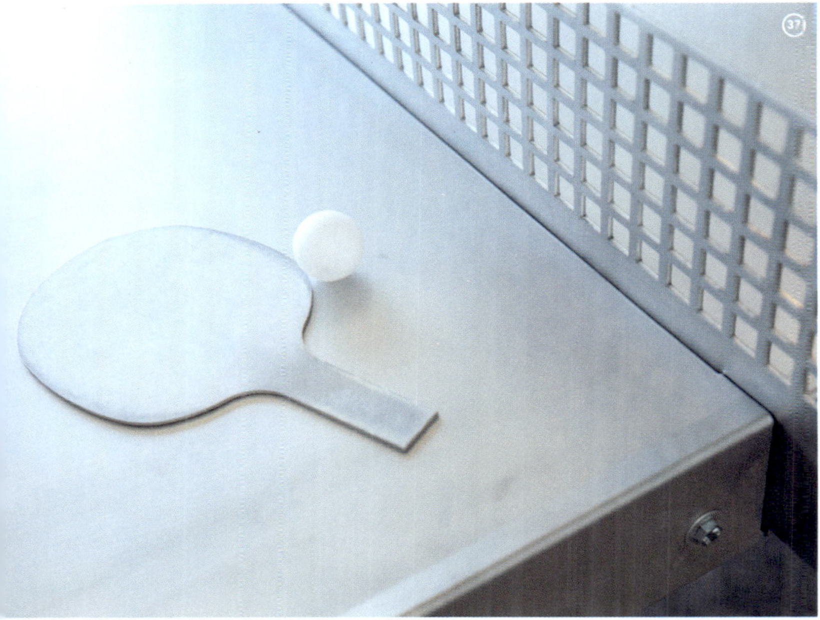
37

37

Urban creative

geworden. Zo vind je er nu de hippe patisseriezaak **Pastryclub**, waar alles om zoetigheid draait, en kun je bij **Radio Royaal** uitgebreid dineren. Voor prachtige woonaccessoires en houten meubels bezoek je woonwinkel **Gusj Market**.
ketelhuisplein 7-9, open the pastry club di-za 9.00-18.00, radio royaal dagelijks vanaf 18.00, gusj market ma-do 10.00-18.00, vr 10.00-20.00, za 10.00-17.00, prijs hoofdgerecht radio royaal € 23,50, bus 401, 402, 403 glaspoort, trein strijp-s

(32) In het voormalig Natuurkundig Laboratorium van Philips, afgekort tot **NatLab**, kun je tegenwoordig naar de film, theatervoorstellingen bezoeken of een hapje eten en drinken. In de zomer organiseren ze populaire buitenfilmavonden. Op deze historische plek werden door onderzoekers van Philips vele belangrijke ontdekkingen gedaan. Zo werd er geëxperimenteerd met radiogolven en werd hier de basis gelegd voor de uitvinding van de CD.
kastanjelaan 500, www.natlab.nl, telefoon 0402946848, open winterperiode dagelijks 10.00-23.30, zomerperiode dagelijks 12.00-23.30, keuken 12.00-20.00, prijs filmkaartje € 10,50, hoofdgerecht € 18,50, bus 401, 402, 403 cederlaan, trein strijp-s

(35) Op zoek naar een bijzondere ervaring en een kijkje in de toekomst? Ga dan een middag naar **Enversed**, een van Europa's grootste Virtual Reality Centers. Duik samen in een VR-avontuur, of ontsnap binnen de gegeven tijd uit een virtuele escaperoom waar de vloer lijkt te bewegen.
torenallee 100-02, www.enversed.com, telefoon 0407370598, open di-wo 11.00-20.00, do 14.00-22.00, vr 12.00-22.00, za 10.00-21.00, zo 11.00-20.00, vooraf reserveren, prijs vanaf € 29,50, bus 401, 402, 403 cederlaan, trein strijp-s

(37) In een authentiek fabriekspand op Strijp-R waar Philips vroeger beeldbuizen maakte, vind je de werkplaats en winkel van ontwerper **Piet Hein Eek**. De winkel verkoopt behalve producten die in de werkplaats gemaakt zijn ook woonaccessoires van andere designmerken, plus vintage en antiek. Je kunt bij de werkplaats zelf binnenkijken en er zijn ook kleinere ateliers van andere ontwerpers in het pand. Eeks bekende sloophout-creaties vind je terug in de showroom en galerie. In het restaurant eet je een lekkere lunch of diner.
halvemaanstraat 28-30 pietheineek.nl, telefoon 0404009005, open restaurant di-za 10.00-23.00, zo 12.30-23.00, winkel ma-za 10.00-18.00, zo 12.00-18.00, bus 401, 402, 403 cederlaan, trein strijp-s

ROTTERDAM

MANHATTAN AAN DE MAAS

CITY HIGHLIGHTS

WATERTAXI + UITZICHT OP DE SKYLINE VANAF HET NOORDEREILAND + SHOPPEN IN DE PANNEKOEKSTRAAT + FENIX FOOD FACTORY + KUNSTHAL

DE STAD

Rotterdam; zo dichtbij en toch een van de meest verrassende bestemmingen van Europa! In de stoere havenstad geldt: *what you see is what you get*. Het wordt niet mooier gemaakt dan het is en er wordt niets opgeleukt voor toeristen. De metropool charmeert door zijn totaal eigen karakter en zijn nuchtere inwoners.

Naast de iconen, zoals de **Euromast**, de **Kubuswoningen** en **De Rotterdam** – een van de grootste gebouwen van Nederland –, zijn er veel andere interessante bezienswaardigheden, De hedendaagse architectuur, de musea en de vele galeries maken het tot een inspirerende plek. Breng een bezoek aan een van de vele musea in het **Museumpark**, of ga galeriehoppen in de **Witte de Withstraat** of rondom het **Rijnhoutplein**.

Het is een heerlijke stad om te shoppen. In de kleine straatjes van het centrum, bijvoorbeeld in en om de **Pannekoekstraat**, maar ook in de minder bekende wijken vind je leuke vintagewinkels en prachtige designboetieks. Aanraders buiten het centrum zijn de **Zwaanshals** in Noord en de **Nieuwe Binnenweg** in West.

En dan is er nog de foodcultuur. Goed eten staat hoog in het vaandel in de havenstad, en restaurants zijn er dan ook in overvloed. 's Avonds is er altijd iets te beleven. Van undergroundclub of jazzconcert tot een lokaal gebrouwen biertje in de kroeg, hier vind je het allemaal. Toffe culinaire hotspots zijn **Station Hofplein**, op steenworp afstand van het centrum en het **Deliplein** op Katendrecht.

ROUTE 2

RONDOM DE MAAS

OVER DE ROUTE

Het klotsen van het water, het getoeter uit de haven en de zilte zeelucht die voorbij waait: Rotterdam is op z'n mooist aan de kades. Daar herinneren je zintuigen je er aan dat de rivier en de zee niet ver weg zijn. Wat zou Rotterdam zijn zonder de rivier? Deze route laat je beide oevers van de Maas zien. Van het Noordereiland ga je de brug over naar de *rive gauche* van Rotterdam. Via Katendrecht kom je uit op de moderne Kop van Zuid. Je eindigt je dag terug op de noordoever, rondom skyline-icoon de Euromast. In deze wandeling is er wat minder aandacht voor winkelen, maar des te meer voor bezienswaardigheden en goede restaurants.

DE WIJKEN

Via de **Willemsbrug** beland je op het bijzondere **Noordereiland**, dat midden in de Maas ligt: een oase van rust in de grote stad. Aan de overkant van het water vind je de oude arbeiderswijk Feijenoord, naamgenoot van Rotterdams bekendste voetbalclub, met de gezellige **Entrepothaven**. Hier staat de komende jaren van alles te gebeuren. Al wandelend krijg je alvast een voorproefje.

Via de levendige **Afrikaanderwijk** kom je op **Katendrecht**. Wat ooit de rosse buurt van de havens was, is nu een gerenoveerde volkswijk met een stoere, industriële look. Bruisend middelpunt is het Deliplein. De Rijnhavenbrug verbindt 'de Kaap' met de Wilhelminapier. Dankzij de bebouwing op dit schiereiland kreeg Rotterdam de bijnaam Manhattan aan de Maas. Van bijna elke internationale 'starchitect' vind je hier een wolkenkrabber. Toppers zijn De Rotterdam van Rem Koolhaas en het historische **Hotel New York**.

Terug op de noordoever beland je in het **Scheepvaartkwartier**. De monumentale panden in deze buurt behoren tot de mooiste van de stad. De chique wijk werd rond 1840 ontworpen door architect W. N. Rose en welgestelde Rotterdammers vestigden zich hier. Havenbaronnen, bankiers, directeuren: alle *selfmade men* trokken richting de rivier. Zelfs prins Hendrik was onder de indruk. Voor zijn Yachtclub kocht hij in 1851 het pand aan de Willemskade waarin nu het **Wereldmuseum** gevestigd is. De grandeur van weleer is hier nog altijd voelbaar, maar tegenwoordig is de wijk ook beroemd om de diverse restaurants. Een laatste onbetwist hoogtepunt in deze route is de **Euromast**, van waar je heel Rotterdam kunt overzien. Het park eromheen grenst aan het Scheepvaartkwartier en de rauwere buurt Coolhaven.

WEINIG TIJD? DIT ZIJN DE HOOGTEPUNTEN:
ROTTERDAMSE MUNT + FENIX FOOD FACTORY + NEDERLANDS FOTOMUSEUM + EUROMAST + LOUISE PETIT RESTAURANT

TIPS

// Voor wie graag afwijkt van de gebaande paden
// Het leukst van woensdag tot en met zaterdag
// De perfecte route voor shoppers en foodies

I'm in love with cities I've never been to & people I've never met

LEGENDA
>> BEZIENSWAARDIGHEDEN
>> ETEN & DRINKEN
>> SHOPPEN
>> LEUK OM TE DOEN
Miniworld Rotterdam
Stadhuis
Museum Rotterdam
WTC Art Gallery
Markthal
Blaak
Rotterdam Blaak
START
Mariniers-mus.
STADS DRIEHOEK
Beurs
Maritiem Museum
Wijnhaven
Eendrachtsplein
Sonneveldhuis
Chabot Museum
Boijmans van Beuningen
Haven-museum
Leuve-haven
Leuvehaven
Dijkzigt
Museum-park
KunstHAL
Natuurhistorisch Museum Rotterdam
Historische tuin Schoonoord
Belasting & Douane Museum
FINISH
Veerhaven
Wereldmuseum
Erasmusbrug
Nieuwe Maas
Wilhelmina
De Rotterdam
KOP VAN
Rotterdam Cruise Terminal
World Port Center
Nederlands Fotomuseum
Rijnhaven
SCHEEPVAART-KWARTIER
Het Park
Euromast
Buizen-park
KATENDRECHT
Kaappark
SS Rotterdam
Maashaven
MAASTUNNEL
250 m

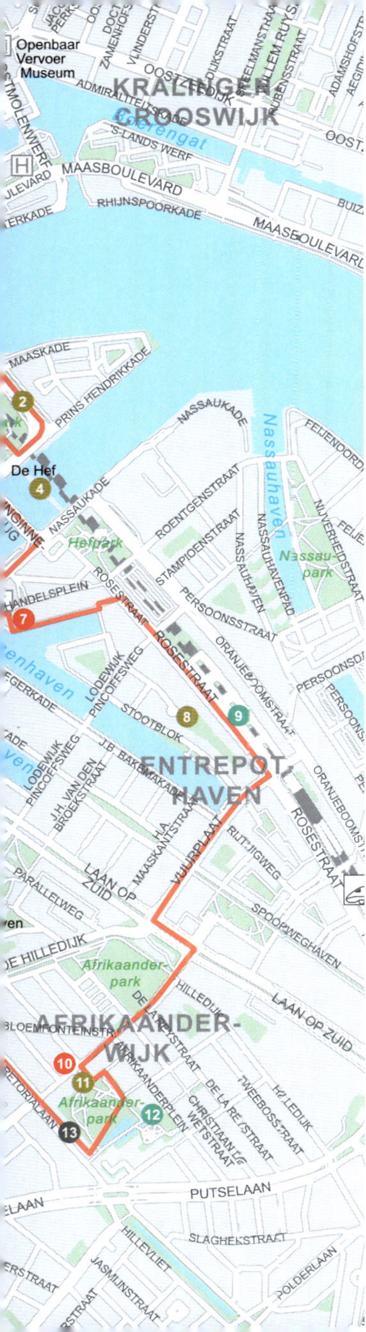

ROTTERDAM RONDOM DE MAAS

1. Willemsbrug
2. Noordereiland
3. Fadi's
4. Koningshavenbrug / De Hef
5. Villa Zebra
6. Loods 24
7. Tres
8. De Peperklip
9. Rotterdamse Munt
10. Lekker op Zuid
11. Monument voor de Gastarbeider
12. Botanische Tuin Afrikaanderwijk
13. Afrikaandermarkt
14. Pretoria Espressobar
15. Ricetables
16. Beppie Bakgraag
17. De Matroos en het Meisje
18. The LisaMarie
19. Bakkerswerkplaats
20. Kopi Soesoe
21. Theater Walhalla / Kantine Walhalla
22. Verhalenhuis Belvédère
23. Fenix Food Factory
24. Bosch & De Jong
25. Hotel New York
26. Watertaxi
27. Nederlands Fotomuseum
28. Foodhallen Rotterdam
29. MARGREETH OLSTHOORN
30. Erasmusbrug
31. Wereldmuseum
32. Schoonoord
33. Het Park
34. Sjømannskirken
35. Parqiet
36. Euromast
37. De Ballentent
38. Louise Petit Restaurant / Louise Bar à vins

ROUTEBESCHRIJVING 2 (ca. 12,2 km)

Start bij station Blaak en wandel over de André van der Louwbrug naar de rode Willemsbrug 1. Ga aan het einde van de brug rechtsaf naar de Prins Hendrikkade en weer rechts, het park door. Ga linksaf de Maaskade op en weer links voor een ontbijtje in dit rustige stadsdeel 2 3. Loop de Koninginnebrug over voor zicht op de historische Hef 4. Sla aan de overkant rechtsaf voor wat culturele input 5 6 en loop dan weer een stukje terug. Bij het Halfrond ga je naar rechts en kom je bij het Entrepotgebouw 7. Loop een stukje langs het water. Eenmaal bij de Rosestraat ga je rechts en zie je een van Rotterdams meest markante wooncomplexen 8. Links zit een groene oase 9. Ga bij de rotonde naar rechts de Vuurplaat op tot aan de Laan op Zuid. Sla linksaf en steek de weg over, de Paul Krugerstraat in. Je bent nu in de Afrikaanderwijk, waar de diversiteit van de stad tot uiting komt in allerlei gezellige zaakjes en tradities 10 11 12 13. Ga na het marktplein rechtsaf de Pretorialaan voor een lekker 'bakkie' 14. Steek de Hillelaan over, en ga linksaf, op weg naar Katendrecht. Langs oude pakhuizen wandel je door de Veerlaan naar de altijd gezellige Delistraat voor een warung 15, een bakwinkel 16 en Franse cuisine 17. Ga linksaf voor een café 18 en een bijzondere bakker 19. Loop terug en ga de straat verder in voor spekkoek 20 en een theater 21. Ga op de Veerlaan naar links en ontdek het bijzondere Belvédère 22. Wandel terug richting de oude Fenixloodsen. In Fenix I vind je de hippe Fenix Food Factory 23 24. Loop richting de Rijnhavenbrug – in de volksmond 'De Hoerenloper' genoemd – en loop eroverheen, richting de Kop van Zuid. Op het puntje van dit schiereiland prijkt nog altijd Hotel New York 25. Wil je een stukje van de wandeling afsnoepen, pak dan hier de Watertaxi 26 naar de Veerhaven. Of wandel om het hotel heen naar de Wilhelminakade en verder richting het Fotomuseum 27 en de Foodhallen 28 29. Sla linksaf op het Wilhelminaplein. Over de blinkende 'Zwaan', zoals de Erasmusbrug 30 ook genoemd wordt, wandel je naar het Scheepvaartkwartier. Loop de brug af en ga er via het Willemsplein onderdoor, naar de Willemskade 31. Ga de hoek om, langs het Calandmonument, en ga dan linksaf de statige Parklaan op. Ga rechts op de Kievitslaan voor een bijzondere tuin 32. Loop dan Hét Park 33 in, met z'n vele verrassingen 34 35. Op de niet te missen Euromast 36 ben je *on top of the world.* Vervolg je weg door het park, richting de Maas. Loop over de Parkkade en de Westerkade langs het water om te eindigen in een echte havenkroeg 37 of het fijnste restaurant van de buurt 38.

BEZIENSWAARDIGHEDEN

① Het grote rode gevaarte dat sinds 1981 het centrum verbindt met het Noordereiland, is eigenlijk de tweede **Willemsbrug**. De eerste werd in 1878 geopend en speelde een belangrijke rol bij de inval van de Duitsers tijdens de Tweede Wereldoorlog. Rotterdamse mariniers verdedigden de stad namelijk vanaf deze brug. In de jaren 80 werd de brug vervangen door de huidige Willemsbrug. Ernaast lag vroeger een spoorbrug die doorliep in De Hef. Als je goed kijkt, kun je op beide oevers nog de brughoofden ontdekken. Wandel je 's avonds over de Erasmusbrug, dan zie je aan de overkant de uitgelichte Willemsbrug op z'n mooist.
verlengde willemsbrug/brugweg, metro a, b, c blaak, bus 32 willemswerf, willemsbrug

② Midden in de Nieuwe Maas ligt het **Noordereiland**. Waar het vroeger bruiste van de bedrijvigheid, is het tegenwoordig een oase van rust. Loop een rondje over het eiland en ontdek leuke dingen, zoals de rails van de vroegere havenkranen op de Prins Hendrikkade. Vanaf het Burgemeester Hoffmanplein heb je een mooi uitzicht op de Erasmusbrug, en de imposante skyline van Rotterdam kun je goed zien vanaf de Maaskade. Drink iets bij een van de bruine kroegen of neem je lunch mee naar het park bij de Willemsbrug. Wie zich op de oude spoordijk waagt, heeft een indrukwekkend zicht op De Hef.
noordereiland, bus 32 willemsbrug

④ De **Koningshavenbrug**, beter bekend als **De Hef**, was ooit een veelgebruikte spoorbrug tussen het Noordereiland en Zuid. Tegenwoordig is de brug, die in 1878 in gebruik werd genomen, niet meer dan een monument: sinds de jaren 90 van de vorige eeuw rijden de treinen door een tunnel onder de Maas door. Toch blijft De Hef een van de mooiste bruggen over de Maas. Het middengedeelte, het val genaamd, is in 2017 teruggeplaatst na een grootscheepse renovatie. Aan weerzijden van de brug ligt een park, met fijne groenplekken om doorheen te wandelen.
prins hendrikkade/nassaukade, rotterdamseparken.nl/site/parken/hefpark, bus 32 koninginnebrug

⑥ Dat Rotterdam niet ongeschonden uit de Tweede Wereldoorlog is gekomen, is algemeen bekend. Wat veel mensen niet weten, is dat ook hier de Joden-

vervolging een enorm gat in de gemeenschap heeft geslagen. Het merendeel van de circa 11.000 Rotterdamse Joden is vanaf **Loods 24** gedeporteerd naar Westerbork. De meesten keerden nooit terug van hun doorreis naar Sobibór en Auschwitz. Een stukje muur is het enige fysieke wat nog rest van Loods 24. Verderop, aan de Entrepotstraat, staat een monument dat herinnert aan de gebeurtenissen.

eva cohen-hartogkade/stieltjesstraat, www.loods24rotterdam.nl, metro d, e wilhelminaplein, tram 20, 23, 25 wilhelminaplein

⑧ **De Peperklip** is zo'n typisch voorbeeld van Rotterdamse iconen die na verloop van tijd alleen nog maar bekendstaan onder hun bijnaam. Een opmerkelijke ook nog, in dit geval, want hoe komt dit gigantische sociale woningbouwproject uit de jaren 80 er eigenlijk aan? Wandel een rondje om het complex van architect Carel Weber en neem een kijkje op de binnenplaats. Weet je het dan nog niet? Kijk op Google Maps en je komt er vanzelf achter: het bovenaanzicht lijkt sprekend op een omgebogen paperclip!

rosestraat, metro d, e rijnhaven, tram 20, 23, 25 vuurplaat

1

27

(11) Midden in de Afrikaanderwijk steekt een grote, felrode zuil af tegen de lucht. Het is het **Monument voor de Gastarbeider**, dat ontworpen is door kunstenaar Hans van Bentem, en sinds 2013 het marktplein siert. De acht kleuren steen staan symbool voor de landen waar de oorspronkelijke arbeidsmigranten vandaan kwamen: Italië, Griekenland, Spanje, Portugal, Joegoslavië, Turkije, Tunesië en Marokko. Gemeenschappen die inmiddels goed vertegenwoordigd zijn in de Rotterdamse cultuur. Het monument was een langgekoesterde wens van de tweede en derde generatie en is uitgevoerd door Zuliani, de zoon van een van de eerste arbeidsmigranten.

paul krügerstraat 87b, metro d, e rijnhaven

(27) Het **Nederlands Fotomuseum** is de schatkamer van de Nederlandse fotografie. In de collectie zijn allerlei soorten fotowerken vertegenwoordigd: van de vroegste daguerreotypieën tot de meest recente Photoshop-projecten. Het museum beheert onder meer Nederlandse fotoarchieven en heeft daarnaast een mooie verzameling fotoalbums.

wilhelminakade 332, www.nederlandsfotomuseum.nl, telefoon 0102030405, open di-zo 11.00-17.00, entree € 14, metro d, e wilhelminaplein, tram 20, 23, 25 wilhelminaplein

(30) De 139 meter hoge **Erasmusbrug** verbindt het centrum met Rotterdam-Zuid. Het ontwerp van Ben van Berkel, dat sinds 1996 de stad siert, wordt door inwoners liefkozend de Zwaan genoemd. Je kunt er te voet, met de auto, tram en fiets overheen. Het uitzicht vanaf de brug is aan beide zijden schitterend, maar de brug zelf bekijk je het beste vanaf het water of het Noordereiland.

vasteland/posthumalaan, metro d, e leuvehaven, tram 7, 25 willemsplein

(31) In het fraaie pand dat ooit de Koninklijke Yachtclub van prins Hendrik huisvestte tref je tegenwoordig het **Wereldmuseum**. Hier vind je kunstvoorwerpen uit alle windstreken en voel je je even heel ver weg en tegelijkertijd ook helemaal één met alle verschillende culturen die de stad rijk is. Er zijn wisselexposities over uiteenlopende onderwerpen.

willemskade 22-25, www.wereldmuseum.nl, telefoon 0102707172, open ma in vakanties & di-vr 10.00-17.00, za-zo 11.00-17.00, entree €15, metro d, e leuvehaven, tram 7, 25 willemskade

(32) Het bestaan van de historische tuin **Schoonoord** is een goed bewaard geheim. Aan de rand van Het Park vormt een oprijlaan met een chic hekwerk de ingang. Eenmaal binnen waan je je in een compleet andere wereld. De romantische vijvers, bloemen en doorkijkjes geven je het gevoel in een Engels kostuumdrama te zijn beland. Regelmatig geeft een botanicus rondleidingen door de tuin.
kievitslaan 8, www.tuinschoonoord.nl, open dagelijks 8.00-16.30, entree gratis, rondleiding € 6, metro a, b, c dijkzigt, tram 8, 23 kievitslaan

(34) In een havenstad als Rotterdam vind je diverse buitenlandse zeemanskerken, maar verreweg de meest opvallende is de Noorse **Sjømannskirken**. Bijzonder is dat dit idyllische kapelletje tegenwoordig het grootste houten bouwwerk in Nederland is. De kerk kent een lange historie, maar het leukste verhaal is dat het gebouw bij de aanleg van de Maastunnel in 1937 in z'n geheel 170 meter is verschoven door het op te tillen en te verrollen. In de adventstijd worden hier kerstmarkten gehouden.
westzeedijk 300, www.sjomannskirken.no/rotterdam, telefoon 0104365123, open di-vr 10.00-17.00, za-zo 10.00-15.00, entree gratis, metro a, b, c dijkzigt, tram 8, 23 euromast/erasmus mc

(36) De iconische **Euromast** werd in 1960 gebouwd door architect Maaskant ter gelegenheid van de Floriade. Met z'n 185 meter torent de markante reus overal bovenuit en bij helder weer heb je dan ook tot zo'n 30 kilometer zicht. Leuk weetje is dat het zogenaamde 'kraaiennest' – dat maar liefst 240 ton weegt – in vijf dagen langs de paal naar boven is gehesen. De grootste attractie is de panoramalift waarmee je omhoog kunt cirkelen naar de top, maar je kunt ook dineren in het restaurant of logeren in een van de hotelkamers.
parkhaven 20, www.euromast.nl, telefoon 0104364811, open dagelijks apr-sep 9.30-23.00, okt-mrt 10.00-23.00, entree € 10,25, metro a, b, c dijkzigt, tram 8, 23 euromast/erasmus mc

ETEN & DRINKEN

(3) Alsof je door je moeder in de watten gelegd wordt; zo voelt het als je aanschuift in **Fadi's** ontbijt- en lunchzaakje. De hele buurt komt hier 's ochtends voor

een cappuccino to-go of om wakker te worden met een straffe Turkse koffie of een muntthee. Ga je voor een smakelijke couscoussalade, een rijkgevulde Turkse pizza of voor Fadi's beroemde linzensoep? Wat je ook kiest, zorg in elk geval dat je ruimte overhoudt voor een stukje baklava.

van der takstraat 194, fadisnoordereiland.nl, telefoon 0624902454, open ma-za 10.00-17.00, prijs salade € 6,50, bus 32 koninginnebrug

⑦ *Très chique*, dat predicaat kun je nieuwkomer **Tres** wel meegeven. Het goed verborgen restaurant ligt verscholen onder het Entrepotgebouw en is zó exclusief dat zelfs veel locals het niet kennen. Per keer is er plek voor slechts zestien gasten en die *lucky few* krijgen een goed doordacht menu van achttien gangen uitgeserveerd. Eigenaren Emy en Michael laten je zien hoe rijk de lokale bodem is, want alle gerechten zijn gemaakt van Nederlandse ingrediënten. Reserveren is een must, net als een goed gevulde portemonnee.

vijf werelddelen 75, www.tresrotterdam.com, telefoon 0618027316, open ma-di & vr-zo 18.30-21.30, prijs tasting menu € 135, metro d, e wilhelminaplein, tram 20, 23, 25 wilhelminaplein, watertaxi st eltjesstraat

15

17

35

18

⑩ Veel van de arbeidsmigranten in de jaren 70 kwamen vanuit Joegoslavië naar Rotterdam om in de havens te gaan werken. Nog altijd vind je hun sporen terug in een levendige gemeenschap in de stad. Zoals bij **Lekker op Zuid**, een *deli*, lunchroom en sociale ontmoetingsplek. Hier proef je allerlei lekkers en ga je de deur uit met mooie producten van de Balkan.
paul krügerstraat 89b, fb lekkeropzuid, telefoon 0102909061, open ma 11.00-17.00, di & do-vr 10.00–17.00, wo & za 9.00-17.00, prijs broodje € 4,50, metro d, e rijnhaven

⑭ Droom je ook altijd van zo'n klein maar fijn koffiebarretje op de hoek van je straat? Zo'n plek waar je dagelijks een 'bakkie' gaat doen? Waar het personeel vriendelijk is en de koffie goed? **Pretoria Espressobar** is precies zo'n zaakje.
bloemfonteinstraat 78c, www.pretoriaespressobar.nl, telefoon 0102309176, open ma-za 8.00-17.30, prijs cappuccino € 2,75, metro d, e rijnhaven

⑮ Drie vriendinnen met een gezamenlijke passie voor de keuken van hun roots, dat is de basis van **Ricetables**. Met hun tante Dette koken ze dagelijks de lekkerste Surinaams-Javaanse gerechten in hun warung. Leuk is dat ze klassiekers in een modern jasje steken, door ze te serveren in de vorm van een hippe *bowl*.
delistraat 24b, www.ricetables.nl, telefoon 0638389262, open ma-za 16.00-20.00, prijs bowl € 8,50, metro d, e rijnhaven

⑰ Bij **De Matroos en het Meisje** kies je het aantal gangen en de chef doet de rest. Het restaurant werkt met het Franse principe van table d'hôte, wat zoveel betekent als 'eten wat de pot schaft'. Het resultaat is altijd verrassend en heerlijk. Fijn is dat de 'matrozen' en 'meisjes' ook een wijnarrangement met halve glazen schenken, zodat je het zonder om te vallen redt tot het nagerecht.
delistraat 52, www.dematroosenhetmeisje.nl, telefoon 0102152764, open dagelijks vanaf 17.30, prijs viergangenmenu € 44, metro d, e rijnhaven

⑱ Het klinkt bijna als een mop: Paul en Paul beginnen een café op Katendrecht. De vrouw van de ene Paul heet Lisanne, die van de ander Maria en zo werd **The LisaMarie** een feit. Je kunt er lunchen en dineren, maar de focus ligt op cocktails en starters als *oeuf mayonaise* en *rillettes de canard*.
atjehstraat 79b, www.thelisamarie.com, telefoon 0648658124, open ma 17.00-22.00, vr-za 12.00-23.00, zo 12.00-21.00, prijs cocktail € 8,50, metro d, e rijnhaven

(20) **Kopi Soesoe**: een 'koffiewaroeng en muziekkaffee' met Indonesische roots. Het personeel is er altijd vrolijk en serveert met liefde de keur aan taarten, ontbijt- en lunchgerechtjes. *Kopi soesoe* betekent 'koffie met melk' in het Indonesisch en voor wie van zoet houdt is deze koffievariant, die ze hier serveren met kardemom en gecondenseerde melk, een aanrader. Bestel er spekkoek bij voor de *full Indonesian experience*.

sumatraweg 15, www.kopisoesoe.com, telefoon 0647006159, open ma-wo 9.00-16.00, vr 9.00-18.00, za-zo 10.00-18.00, prijs cappuccino € 3, metro d, e rijnhaven

(28) Rotterdam is een foodbestemming bij uitstek. Na talloze leuke restaurantjes, de Markthal en de Fenix Food Factory zijn nu ook de **Foodhallen Rotterdam** geopend. Hier kun je snacken dat het een lieve lust is. In het prachtig gerenoveerde pakhuis op de Kop van Zuid vind je *seafood*, taco's, pizza, *pintxos*, taartjes en andere aantrekkelijke hapjes. Neem plaats aan een tafeltje binnen of strijk neer op het ruime terras tussen de wolkenkrabbers.

wilhelminakade 52-58, foodhallen.nl/rotterdam, open ma-do & zo 12.00-23.30, vr-za 12.00-1.00, wisselende prijzen, metro d, e wilhelminaplein, tram 20, 23, 25 wilhelminaplein

(35) Bij dit witte paviljoen in Het Park zit je elk seizoen goed. Geniet er van koffie met taart in de voorjaarszon of drink 's zomers ijsthee in een strandstoel onder de grote boom voor de deur. In de herfst is **Parqiet** het meest romantisch als de blaadjes in het park bruin kleuren. 's Winters zit je knus binnen met een warme chocomelk. Tip: ga alleen als je de tijd hebt, want bestellingen kunnen soms op zich laten wachten.

baden powelllaan 20, www.parqiet.com, telefoon 0651001606, open dagelijks 9.00-18.00, prijs lunch € 7,50, metro a, b, c dijkzigt, tram 8, 23 euromast/erasmus mc

(37) Bij **De Ballentent** kun je allerlei cafégerechten krijgen, maar eigenlijk komen de mensen hier al sinds 1902 slechts voor één ding: de enige echte Rotterdamse gehaktbal! In deze sympathieke, pretentieloze bruine havenkroeg serveren ze echte kampioensballen. Eet er een met jus en brood, pindasaus of frites. Naast de befaamde ballen staan er ook andere klassiekers op de kaart.

parkkade 1, www.deballentent.nl, telefoon 0104360462, open ma-vr 9.00-23.00, za-zo 10.00-23.00, prijs gehaktbal € 4,40, metro a, b, c dijkzigt, tram 8, 23 kievitslaan

35

17

(38) *Bienvenue* bij **Louise Petit Restaurant**! Door de witte tafellakens, de roodleren bankjes en de muziek waan je je even in een bistro in Parijs. Wat uit de keuken komt draagt daar nog eens aan bij: Franse klassiekers op hun best. Geen zin om uitgebreid te tafelen? Boven bevindt zich **Louise Bar à vins**, waar je terechtkunt voor goede wijn en hapjes.

veerhaven 12-13b, www.louisepetitrestaurant.com, telefoon 0102800980, open di-vr 12.00-14.30 & 18.00-23.00, za 13.00-15.00 & 18.00-23.00, prijs € 24, tram 7, 25 westplein

SHOPPEN

(13) 'In Rotterdam kom je de wereld tegen' is een devies dat zeker voor de **Afrikaandermarkt** geldt. Rotterdammers van ieder allooi komen naar de 'marttt' om hun boodschappen te doen en vooral ook om gezellig met elkaar te socializen. Nergens zie je de veelzijdigheid van Rotterdam zo goed als hier.

afrikaanderplein, www.derotterdamsemarkt.nl, telefoon 0104847812, open wo & za 8.00-17.00, metro d, e rijnhaven

(16) Bakkers klaar? Bakken maar! Met de spulletjes van **Beppie Bakgraag** word je in no-time een professional in de keuken. Van taartvormen tot draaiplateaus en van eetbare glitter tot fondant in alle geuren en kleuren. Kortom: als Beppie het niet heeft, dan vind je het nergens. Sla je slag in dit kleine taartenparadijs op de Kaap en met een beetje geluk kun je je volgend jaar opgeven voor *Heel Holland Bakt*.

delistraat 40-42, beppiebakgraag.nl, telefoon 0107514575, open di-do & za 10.00-17.00, vr 10.00-19.00, metro d, e rijnhaven

(19) De **Bakkerswerkplaats** is niet alleen een fijne bakkerij waar je brood en lekkere zoetigheden kunt halen. Het is ook een werkomgeving waar mensen met een sociale of verstandelijke beperking of een tegenslag op de arbeidsmarkt de kans krijgen om de kneepjes van het bakkersvak te leren en zo hun potentiële talenten te ontplooien. Hun verse gevulde koeken zijn een ideaal tussendoortje voor onderweg.

sumatraweg 22, bakkerswerkplaats.nl, telefoon 0631212588, open ma-vr 9.00-16.00, metro d, e rijnhaven

(24) De Fenix Food Factory draait natuurlijk vooral om lekker eten, maar boekhandel **Bosch & De Jong** zorgt ervoor dat er ook nog wat *food for thought* is. Het mag dan een klein winkeltje zijn, ze hebben wel een uitstekende selectie op het gebied van Rotterdam, reizen, koken, literatuur en poëzie. De medewerkers zijn heuse leesfreaks en helpen je met liefde bij het uitzoeken van een boek.

nico koomanskade 1025, boschendejong.nl, telefoon 0628700281, open di-wo & za-zo 10.00-19.00, vr 10.00-20.00, metro d, e rijnhaven

(29) **MARGREETH OLSTHOORN**, afgestudeerd in mode aan de Willem de Kooning Academie, besloot om haar talent te steken in een winkel waar ze zichzelf vooral ziet als een curator van mode en design. Jarenlang vond je haar shop in het centrum, maar onlangs verhuisde ze naar de Kop van Zuid. Ook daar hangt haar boetiek vol met avant-garde dames- en herenfashion, ontworpen door spraakmakende designers.

wilhelminakade 52-54, margreetholsthoorn.nl, open ma-za 10.00-18.00, zo 12.00-18.00, metro d, e wilhelminaplein, tram 20, 23, 25 wilhelminaplein

LEUK OM TE DOEN

⑤ Speciaal voor kinderen is er **Villa Zebra**, een museum en kunstlaboratorium gelegen in een glazen paviljoen aan het water. Voor de allerkleinsten is er een vaste opstelling, genaamd ZELF!, waarin het zelf doen en ontdekken centraal staat. Kids vanaf 7 jaar kunnen naar de wisselexpositie, die twee keer per jaar vernieuwd wordt. Op sommige dagen zijn er workshops en in de schoolvakanties is er dagelijks iets te beleven.
stieltjesstraat 21, www.villazebra.nl, telefoon 0102411717, open wo & vr 12.00-17.00, za-zo 11.00-17.00, entree € 10, metro d, e wilhelminaplein, tram 20, 23, 25 wilhelminaplein

⑨ Aan de zuidkant van de Maas duik je het groen in bij stadstuin de **Rotterdamse Munt**. In deze stadse oase groeien zo'n honderd soorten biologisch geteelde kruiden en eetbare bloemen uit alle windstreken. Het is een initiatief van lokale bewoners, dat mensen uit verschillende wijken samenbrengt. Theeliefhebbers, hobbykoks en restaurateurs komen hier regelmatig plukken. Knip zelf een bosje munt of bloemen bij elkaar en ontspan daarna in het zonnetje met thee en taart.
rosestraat 200, rotterdamsemunt.nl, telefoon 0621435213, open wo-zo 12.00-18.00, entree gratis, metro d, e rijnhaven, tram 20, 23, 25 vuurplaat

⑫ Midden in de urban jungle zit opeens een groenplaats met meer dan achthonderd verschillende soorten planten en een mooie geschiedenis. Vroeger kregen de leerlingen van de naastgelegen hbs, een rijksmonument uit 1923, botanieles in de **Botanische Tuin Afrikaanderwijk**. In hun school huist nu de Kocatepe Moskee. Struin door de tuin en drink een kopje thee of ga mee op een tour.
afrikaanderplein 37a , fb botanischetuinafrikaanderwijk, telefoon 0637554564, open ma & wo 10.00-16.00, di & za 10.00-13.15, vr 10.00-14.00, entree gratis, metro d, e rijnhaven

㉑ Tussen de oude pakhuizen en loodsen op Katendrecht vind je zowel het kleine **Theater Walhalla** als de wat grotere **Kantine Walhalla**. Reserveer een kaartje voor een van de voorstellingen uit het speelprogramma en geniet van een avond vol entertainment. Op zaterdag en zondag zijn er vaak voorstellingen voor kids.
sumatraweg 9-11, www.theaterwalhalla.nl, telefoon 0102152276, zie website voor tijden en prijzen, metro d, e rijnhaven

23
Watertaxi
Wilhelminapier
F.C. Walhalla
Kantine Walhalla

23

23
Fenix Food Factory

(22) **Verhalenhuis Belvédère** is gevestigd in het prachtige pand van voormalig café-restaurant Belvédère, dat in de oorlog uitgroeide tot een beroemde dancing. Het sympathieke initiatief richt zich op het verbinden van Rotterdammers uit verschillende culturen. Hun verhalen en tradities willen ze optekenen, bewaren en doorgeven, en dat doen ze door (foto)tentoonstellingen, optredens, tours en leuke evenementen te organiseren. In het weekend schuif je hier aan voor lunch of diner en proef je van een andere cultuur in de Volkskeuken.
rechthuislaan 1, www.belvedererotterdam.nl, telefoon 0107200997, open vr-zo 11.00-18.00 & wanneer de deur open staat, entree gratis, prijs lunch of diner volkskeuken € 10 (vooraf reserveren), metro d, e rijnhaven

(23) Van een rauw industrieel pakhuis trok de **Fenix Food Factory** naar de strakgetrokken loods aan de overkant om daar aan een tweede jeugd te beginnen. In deze overdekte foodhal bewonder je met eigen ogen de kunst van het Rotterdamse ondernemerschap in de versmarkt die gerund wordt door lokale specialisten. Eet een broodje van **Jordy's Bakery**, zoek een mooie fles uit bij natuurwijnshop **Blije Wijnen** en drink een lekker lokaal gebrouwen biertje van

de **Kaapse Brouwers**. Vanaf het ruime terras buiten heb je mooi zicht op de Maas. In het weekend zijn er vaak workshops, proeverijen en livemuziek.
nico koomanskade 1025, www.fenixfoodfactory.nl, telefoon 0646136799, open wo-zo 10.00-23.00, metro d, e rijnhaven

㉕ Hoewel het omringd wordt door veel hogere gebouwen, staat **Hotel New York** nog altijd fier op het puntje van de Kop van Zuid. In het voormalige directiegebouw van de Holland-Amerika Lijn kun je overnachten in de sfeer van weleer, ook in de twee iconische torentjes. De **Oesterbar** in het restaurant is beroemd om z'n schaal- en schelpdierenplateaus. Heren kunnen zich laten opfrissen bij de **New York Barbershop**, terwijl dames genieten van een *afternoon tea* in het grand café. Voor de echte NYC-sfeer ga je naar de kelder, waar restaurant en cocktailbar **NY Basement** zit.
koninginnenhoofd 1, www.hotelnewyork.nl, telefoon 0104390500, open hotel new york ma-do & zo 7.00-0.00, vr-za 7.00-1.00, prijs hoofdgerecht € 22,50, proefbordje oesters € 21, afternoon tea € 19,50 knipbeurt barbershop € 46,50, cocktail € 12,50, metro d, e wilhelminaplein, tram 20, 23, 25 wilhelminaplein

㉖ Je kunt natuurlijk over de Erasmusbrug wandelen, maar de snelste en spannendste manier om aan de overkant van de Maas te komen is met de pendeldienst van de **Watertaxi**. Stap op bij Hotel New York en vergeet niet om je te heen te kijken, want het zicht op de Erasmusbrug is legendarisch vanaf het water. Na een razendsnelle overtocht word je afgezet in de Veerhaven.
koninginnenhoofd, www.watertaxirotterdam.nl, telefoon 0104030303, open ma-do 7.00-0.00, vr 7.00-1.00, za 9.00-1.00, zo 9.00-0.00, prijs pendeldienst € 4,50, metro d, e wilhelminaplein, tram 20, 23, 25 wilhelminaplein

㉝ Het blijft leuk, met je vrienden afspreken in **Het Park**. Welk park? Hét Park! Dat de groene oase, die zich uitstrekt tussen de Euromast en de Parklaan, geen specifiekere naam heeft, ligt vermoedelijk aan het feit dat het het allereerste publieke wandelpark in Rotterdam was. Het ontstond door het samenkomen van twee voormalige buitenplaatsen en werd geschikt gemaakt voor publieke promenades. Nu geniet je er van een wandeling of picknick of lees je er een boek.
baden powelllaan 2, rotterdamseparken.nl/site/parken/het-park, open dagelijks, entree gratis, metro a, b, c dijkzigt, tram 8, 23 euromast/erasmus mc

DEN HAAG

STAD ÉN STRAND

CITY HIGHLIGHTS

KUNSTMUSEUM DEN HAAG + VAN KLEEF JENEVERS + LUNCH IN HET ZEEHELDENKWARTIER + SHOPPEN OP DE DENNEWEG + GROTE MARKT

DE STAD

Den Haag staat bekend als statige stad waar onze regering huist en de koninklijke familie haar paleizen heeft. Maar Den Haag is vooral creatief, kunstzinnig en muzikaal. Leer de stad kennen zoals Haagse Harry 'm kent, zoals Maxima 'm kent en zoals de jongens van Direct 'm kennen.

Het centrum van Den Haag is het kloppend hart van regelgevend Nederland, waar je onze politieke leiders in het wild tegen het lijf kunt lopen. Niet te missen zijn het **Binnenhof** met het **Torentje** en de **Tweede Kamer**.

Of het nu om shoppen gaat, cultuur en kunst, muziek of eten, alles komt aan bod in de hofstad. Naast het bekende **Kunstmuseum Den Haag**, **GEM**, **Panorama Mesdag** en het **Mauritshuis**, zijn er tientallen galeries op het Noordeinde te vinden, met elk hun eigen stroming en stijl. In het Zeeheldenkwartier vind je design en kleding van kleinere merken. Poptalent krijgt in Den Haag volop de kans zich te laten zien; van kroegen als de **Paap**, waar Direct ooit stond, tot **'t Paard**, waar zelfs Prince nog heeft opgetreden.

En vergeet het strand niet! In Scheveningen heb je een binnenhaven, het strand en de duinen. En Scheveningen is niet alleen fijn in de zomer als je lekker wilt relaxen op het strand. Ook in de winter is het fijn uitwaaien aan de kust om daarna heerlijke op te warmen met chocomel in één van de leuke koffietentjes. In de duinen verstopt zit het prachtige **Beelden aan Zee** en shoppen gaat ook prima in Scheveningen. De sportieveling komt aan zijn trekken bij de vele surftentjes.

ROUTE 3

BUURTSCHAP 2005 & HOFKWARTIER

OVER DE ROUTE

Koningin Máxima en koning Willem-Alexander zul je hier niet zo snel tegen het lijf lopen, maar je kunt wel Paleis Noordeinde, de koninklijke stallen en de paleistuin bewonderen. In dit deel van de stad proef je de sfeer van statig Den Haag. Ga naar het weelderige Lange Voorhout met het bijzondere Escher in het Paleis en de dure restaurants, of winkel op de Denneweg, Noordeinde en Prinsestraat. Loop ook zeker langs het Vredespaleis.

DE WIJKEN

Koninklijk Den Haag strekt zich vanaf het Plein, het Binnenhof en de Grote Kerk richting het noordwesten uit. Hier vind je op het statige **Lange Voorhout** een klein paleis, vroeger een van de onderkomens van de koninklijke familie en nu **Escher in het Paleis**.

Paleis Noordeinde, de koninklijke stallen en de **paleistuin** zitten in dit deel van de stad. Het is er deftig; je ziet de ruime opzet van de straten en lanen van Den Haag met herenhuizen aan fraaie pleinen, veel ambassades en het indrukwekkende **Vredespaleis**. Elk buurtje in dit stadsdeel heeft zo zijn eigen publiek.

Het nieuwe en oude geld van Den Haag treft elkaar op en rond de **Denneweg** en de **Frederikstraat**. Vroeger stond de Denneweg bekend om de antiekzaken, maar die hebben de afgelopen jaren vrijwel allemaal plaatsgemaakt voor mooie winkels en leuke restaurants. Het is een aparte mix van kunstzinnig, nonchalant en hip publiek.

Om een indruk van het echt chique Den Haag te krijgen, ga je naar het **Noordeinde**. Hier vind je veel high-end, maar toegankelijke galeries en hier en daar nog kledingzaken waar je eerst even moet aanbellen. Toch is dit deel van Den Haag allesbehalve saai. In het Hofkwartier waan je je een beetje in Parijs. In de smalle, knusse straatjes rondom het Noordeinde, zoals de **Molenstraat** en de **Oude Molstraat**, lijkt iedereen elkaar te kennen en heerst er haast een dorpse sfeer. Hier vind je veel kleine boetiekjes, sympathieke buurtkroegen en gezellige koffietentjes.

WEINIG TIJD? DIT ZIJN DE HOOGTEPUNTEN:
ESCHER IN HET PALEIS + ANTIEK-, CURIOSA- EN BOEKENMARKT + DENNEWEG + PRINSESTRAAT + BOOKSTOR

LEGENDA
>> BEZIENSWAARDIGHEDEN
>> ETEN & DRINKEN
>> SHOPPEN
>> LEUK OM TE DOEN
15 Vredespaleis
Beeld en Geluid Den Haag
Panorama Mesdag
Paleis Noordeinde
Paleistuin
Grote Kerk
Noord Singelsgracht
ZEEHELDEN-KWARTIER
FINISH
Kortenbos
BURGEMEESTER PATIJNLAAN
BURGEMEESTER MARIJNENLAAN
JAVASTRAAT
SCHEVENINGSEWEG
CARNEGIEPLEIN
CARNEGIELAAN
ALEXANDERSTRAAT
PLEIN 1813
SOPHIALAAN
NASSAULAAN
NASSAUPLEIN
SURINAMESTRAAT
SCHELPKADE
LAAN COPES
SOENDASTRAAT
LAAN VAN MEERDERVOORT
ZEESTRAAT
BAZARSTRAAT
BAZARLAAN
DE RUIJTERSTRAAT
ANNA PAULOWNASTRAAT
TROMPSTRAAT
MAURITSKADE
KORTENAERKADE
HOGEWAL
AMALIASTRAAT
ORANJESTRAAT
NOORDEINDE
PALEISSTRAAT
PRINSESSEWAL
TOUSSAINTKADE
ELANDSTRAAT
TOLLENSSTRAAT
BILDERDIJKSTRAAT
VONDELSTRAAT
ZOUTMANSTRAAT
PRINS HENDRIKSTRAAT
VAN SPEIJKSTRAAT
HUGO DE GROOTSTRAAT
JACOB VAN DER DOESSTRAAT
PIET HEINSTRAAT
DE RIEMERSTRAAT
1E DE RIEMERSTRAAT
WESTERBAENSTRAAT
HEMSTERHUISSTRAAT
WITTE DE WITHSTRAAT
ZORGVLIETSTRAAT
DA COSTASTRAAT
HELMERSSTRAAT
CRISPIJNSTRAAT
JENNY PLANTSOEN
VEENKADE
NOORDWAL
BREEDSTRAAT
PIETERSTR.
MOLENSTRAAT
JUFFROUW IDASTRAAT
PRINSESTRAAT
TORENSTRAAT
HARTOGSTRAAT
PAPESTRAAT
ANNASTRAAT
BAKKERSSTRAAT
GEEST
SLIJKEINDE
NOORDSTRAAT
GEDEMPTE SLOOT
ZUILINGSTRAAT
KORTE VLEERSTRAAT
WESTEINDE
JAN HENDRIKSTRAAT
SCHOOLSTRAAT
TWENTSTRAAT
KORTENBOSPAD
ASSENDELFTSTRAAT
NIEUWSTRAAT
0
150 m

DEN HAAG BUURTSCHAP 2005 & HOFKWARTIER

1. Escher in Het Paleis
2. Antiek-, curiosa- en boekenmarkt
3. Bodega De Posthoorn
4. Pulchri Studio
5. Coffeelicious
6. Saplab
7. Martes
8. Café 2005
9. White
10. Inproc
11. Walter Benedict
12. Calla's
13. FOAM
14. Mallemolen
15. Vredespaleis
16. Noordeinde
17. Lola Bikes & Coffee
18. Het Appeltaartgevoel
19. Couqou
20. Bookstor
21. Paleis Noordeinde
22. De Oude Mol
23. Pastis
24. Monastic Store
25. Michel
26. Hug the Tea
27. Michael Barnaart
28. Lapsang
29. Grote Kerk
30. Skatestore Den Haag
31. Florencia
32. WWen
33. Het Rariteitenkabinet
34. OH DEAR
35. Confetti
36. Kadenz
37. Op z'n kop
38. Bøg
39. Pistache Café
40. Paleistuin & Koninklijke stallen
41. Grapes & Olives

ROUTEBESCHRIJVING 2 (ca. 5,7 km)

Begin op het Lange Voorhout voor de fantastische visie van Escher 1, een antiekmarkt 2, een terras vol schrijvers en ministers 3, en moderne kunst 4. Loop richting het beroemde Hotel Des Indes en drink een prijswinnend koffietje 5. Loop door naar de Denneweg 6. Voor ontbijt of lunch ga je rechts de Hooistraat in 7. Loop terug en leer de locals kennen in Café 2005 8, shop voor iets stoers 9, koop de beste koffie 10 en reserveer een plekje voor vanavond 11. Wandel de straat uit tot aan de kruising met de Mauritskade. Ga rechts en dan de tweede rechts voor een sterrenrestaurant 12. Of ga meteen rechtdoor voor uniekere winkels dan in de doorsnee winkelstraat. Aan je linkerhand tref je een 'health food hotspot' 13 en bijna aan het einde rechts het autoloze Mallemolen 14. Vervolg je wandeling door de Frederikstraat en ga aan het eind linksaf. Hier langs de Javastraat zie je prachtige, echt Haagse panden. Voor het Vredespaleis 15 loop je rechtdoor en ga je rechtsaf de Scheveningseweg in. Wil je niet naar het Vredespaleis, ga dan linksaf de Nassaulaan in. Hier staan veel statige villa's met ambassades. Ga de eerste rechts en loop over Plein 1813 links de Alexanderstraat in en rechtsaf naar de Mauritskade. Loop linksaf het Noordeinde op 16. Winkels en galeries te over. Check toffe fietsen en heerlijke koffie 17 en shop spullen voor je huis of kleding 18 19. Koop een boek en drink koffie 20. Loop langs het paleis 21 en ga rechtsaf en dan weer links voor borrel- en eettentjes 22 23, een kloosterwinkel 24 en een Franse bakker 25. Loop door, ga links de Papestraat in voor *matcha* 26 of een *designer dress* 27. Loop terug en vervolg je weg over de Oude Molstraat 28. Sla aan het einde rechtsaf naar de Grote Kerk 29. Ga de Prinsestraat in, een van de leukste straten van de stad, met veel goede (Aziatische) restaurants en originele winkeltjes. Ga links de Nobelstraat in, houd rechts aan en check skates en caps 30 of eet een ijsje 31. Neem de eerste straat weer rechts, terug naar de Prinsestraat. Shop iets kleurrijks bij Wwen 32 en ga zeker even linksaf voor Het Rariteitenkabinet 33. Ga je juist rechtsaf, dan vind je mooie sieraden 34. Terug in de Prinsestraat eet je een taartje 35 of kun je leuke items voor je huis kopen 36 37. Test de Scandinavische keuken 38 of lunch bij een Instagramable hotspot 39. Eindig je wandeling op een bankje tussen het groen 40 of met een wijntje op een terrasboot 41.

de Oude Mol

BEZIENSWAARDIGHEDEN

① Paleis Het Lange Voorhout was ooit het winterpaleis van koningin-moeder Emma en het werkpaleis van koninginnen Juliana en Beatrix. Nu is in dit pand met gouden balkon **Escher in Het Paleis** gevestigd. Bijna alle werken van de meester in optisch bedrog zijn hier te zien. Je kunt Eschers verwarrende wereld ook 'live' binnenstappen in de 'magische kamer' op de interactieve etage.
lange voorhout 74, www.escherinhetpaleis.nl, telefoon 0704277730, open di-zo 11.00-17.00, 's zomers ook ma 11.00-17.00, entree € 10, tram 9 malieveld, bus 22, 24 kneuterdijk

⑮ Het **Vredespaleis**, waar het Internationaal Gerechtshof en het Hof van Arbitrage zijn gevestigd, kun je bezoeken. Interessant is een rondleiding, te boeken op de website. Opmerkelijk zijn de Russische vaas van 3.200 kilo, de Deense fontein met ijsberen en het Zwitserse uurwerk in de toren. Een paar keer per jaar zijn er ook rondleidingen in de bijzondere tuin, door de tuinman of -vrouw zelf.
carnegieplein 2, www.vredespaleis.nl, telefoon 0703024242, open bezoekerscentrum mei-jul & sep-okt di-zo 10.00-17.00, aug dagelijks 10.00-17.00, nov-apr 11.00-16.00, entree bezoekerscentrum gratis, rondleiding € 11, tram 1 vredespaleis, bus 24 vredespaleis

㉑ **Paleis Noordeinde** is het werk- en ontvangstpaleis van koning Willem-Alexander. Veel bedrijvigheid is er doorgaans niet te bespeuren; de entree voor de leden van het Koninklijk Huis is aan de achterkant. Maar het blijft toch leuk om te zien van welk balkon je de koning en koningin ziet zwaaien op tv.
noordeinde 68, www.koninklijkhuis.nl/onderwerpen/paleis-noordeinde, aantal dagen per jaar geopend voor publiek, zie website, tram 1 mauritskade, bus 22, 24 mauritskade

㉙ De **Grote Kerk** is samen met het Binnenhof een van de oudste gebouwen in de Haagse binnenstad. Vermoedelijk bestond de kerk al in de 13e eeuw. Momenteel vinden er geen kerkdiensten meer plaats. Een paar maanden per jaar is de kerk open voor publiek. De kerktoren kun je het hele jaar door beklimmen.
rond de grote kerk 12, www.grotekerk-denhaag.nl, telefoon 0703028630, open toren mrt-nov do-zo 13.00 & 15.00, dec-feb za-zo 13.00 & 15.00, kerk jun-sep di-wo & vr-za 11.00-14.00, do 11.00-17.00, zo 14.00-17.00, dec-feb za-zo 13.00-16.00, entree kerk € 3, toren € 7, tram 2, 3, 6 grote markt, 16 gravenstraat

ETEN & DRINKEN

③ **Bodega De Posthoorn** is een begrip in Den Haag. Hier treffen ministers, schrijvers en kunstenaars elkaar voor koffie met appelgebak, sherry met bittergarnituur, of Indische happen. Het is ouderwets, je kunt het ook onveranderlijk noemen, en dat is nu juist de charme van deze plek.

lange voorhout 39a, www.bodegadeposthoorn.nl, telefoon 0703604906, open di-zo 11.00-22.00, prijs € 15, tram 9 malieveld, bus 22, 24 kneuterdijk

⑤ **Coffeelicious** is een fijne plek voor ontbijt, lunch, lekkere koffie en *homemade* cakes. Alles wordt hier met liefde en aandacht gemaakt door het enthousiaste personeel. Kies voor een plekje bij het raam met uitzicht op het statige Lange Voorhout. Heb je iets te vieren of wil je leuke foto's maken voor Instagram? Boek dan de *celebration table*; je tafel wordt dan feestlijk aangekleed met ballonnen en confetti.

lange voorhout 58b, www.coffeelicious.nl, telefoon 0708209897, open dagelijks 9.00-16.45, prijs stuk carrot cake € 5, tram 9 malieveld, bus 20 malieveld

15

6
SMOOTHIES

(6) Als je van gezonde sappen en *boosters* houdt, moet je bij **Saplab** zijn. Het is van de zusjes Elise en Caroline, die je overheerlijke en gezonde *slowjuices* schenken, oftewel groenten, fruit en ander gezonds uit de juice machine. Zo blijven de mineralen, enzymen en vitaminen zo veel mogelijk behouden.
denneweg 8, www.saplab.nl, telefoon 0625350302, open ma-vr 8.00-16.00, za 10.00-17.00, prijs glas slow juice € 4,50, tram 9 malieveld, bus 20 malieveld

(7) **Martes** is een frisse lunchroom met een terras dat uitkijkt op de Hooikade. Martes heeft de gezelligheid van een huiskamer, waar het heerlijk lunchen is, maar je ook fijn kunt werken op je laptop. De huiselijke sfeer zit hem niet alleen in de kleine, knusse details in het interieur zoals het bloemetjesbehang en de klassieke schemerlampen, maar ook in de gezonde en verse ontbijtjes, de lunchkaart en de heerlijke taarten.
hooistraat 5, fb martesdenhaag, telefoon 0703457878, open di-vr 8.00-19.00, za-zo 10.00-19.00, prijs clubsandwich € 9,50, tram 9 malieveld, bus 20 malieveld

(8) **Café 2005** is een begrip op de Denneweg. Al jaren komen oud en jong uit de buurt voor koffie of een aperitief en menigeen blijft tot in de late uurtjes. En dat is ook niet zo gek; het is er elk moment van de dag gezellig druk, binnen in het knusse café of buiten op het terras. Probeer vooral de heerlijke Indische gerechten op de kaart.
denneweg 7f, www.cafe2005.nl, telefoon 0703644094, open ma 8.00-22.00, di-wo 8.00-1.00, do-vr 8.00-2.00, za 9.00-2.00, zo 9.00-22.00, prijs € 10, tram 9 malieveld, bus 22, 24 kneuterdijk

(11) Brasserie **Walter Benedict** is stijlvol ingericht in een mix van industrieel en robuust, zoals de bakstenen muur en houten tafels met stevige stalen poten. Al staan de Denneweg en Frederikstraat bekend als een beetje kakkineus, de brasserie is vooral geliefd bij een net iets hipper publiek. Op het Valkenbosplein zit het jongere broertje van Walter, Café Franklin.
denneweg 69a, www.walterbenedict.nl, telefoon 0707853745, open dagelijks 9.00-23.00, prijs € 20, tram 9 dr. kuyperstraat

(12) Van het serene restaurant **Calla's**, vlak achter de Denneweg, gaat iets betoverends uit. Het lijkt wel of de gasten er bijna door gaan fluisteren. Of komt het

door het voortreffelijke eten? Calla's is een restaurant met Michelinster en dat merk je aan alles. Uiteraard prijzig, maar heel exclusief.
laan van roos en doorn 51a, www.restaurantcallas.nl, telefoon 0703455866, open di-vr 12.00-14.00 & 18.30-22.00, za 18.30-22.00, prijs € 50, tram 1 mauritskade, tram 9 dr. kuyperstraat, bus 24 mauritskade

⑬ Het healthfood-restaurant **FOAM** is gespecialiseerd in glutenvrij en veganistisch eten. Ook voor echte vleeseters zijn de gerechten absoluut zeer smakelijk! Lekker minimalistisch ingericht, maar door licht en kleurgebruik heeft het een gezellig huiskamergevoel.
frederikstraat 44, www.foamcatering.nl, telefoon 0707522141, open dagelijks 9.00-15.00, prijs lunch € 9, tram 9 javabrug, dr. kuyperstraat

⑭ In het enigszins verborgen straatje **Mallemolen** vind je een aantal cafés en restaurants. Zowel de locatie, waar de terrassen vol zitten in de zomer, als de restaurants ademen een Zuid-Europese sfeer. Het wordt dan ook het Montmartre van de Hofstad genoemd.
mallemolen 10, fb mallemolen-den-haag, tram 9 javabrug

⑰ Bij **Lola Bikes & Coffee** zijn ze, inderdaad, gek op koffie en dol op fietsen. Daarom vind je in deze stoer ingerichte zaak niet alleen heerlijke koffie en cakes. Als je langs de mooi opengewerkte muur doorloopt naar achteren kom je in de fietswerkplaats. Hier kun je sportieve fietsen huren zoals racefietsen en *fatbikes*.
noordeinde 91, www.lolabikesandcoffee.nl, telefoon 0614715854, open dagelijks 8.00-18.00, prijs espresso € 2,60, tram 1 mauritskade, bus 22, 24 mauritskade

㉒ **De Oude Mol** is meer dan een café waar je een glas bier of wijn kunt drinken: je eet er tapas buiten op het terras of boven in het kleine, maar knusse restaurant, met steeds wisselende gerechten op het menu. Vandaar ook dat veel klanten blijven terugkomen.
oude molstraat 61, fb deoudemol, telefoon 0703451623, open ma-wo & zo 17.00-1.00, do-za 17.00-2.00, prijs tapa € 5,50, tram 16 noordwal

㉓ Bij **Pastis** is alles gedaan om je het idee te geven in een Franse bistro te zitten. De sfeer is knus en het eten klassiek Frans, zonder opsmuk. Qua aankleding is

11
ONTBIJT · LUNCH · BORREL · DINER

17

13
cash·ew
(noun)
the sound
of a nut
sneezing

7

26

22

17

31

6

31

aan alles gedacht, van verweerde spiegels aan de muur en stalen klapstoeltjes op het terras tot de Pernod- en Ricardflessen waar water uit geschonken wordt.
oude molstraat 57, www.pastis.nl, telefoon 0703633031, open dagelijks 17.00-22.00, prijs € 22,50, tram 16 gravenstraat, noordwal

(26) Voor the best *matcha in town* ga je naar **Hug the tea**. De eigenaressen, twee zusjes, delen hun passie voor matcha graag met je tijdens een theeceremonie waarbij ze alles uitleggen over deze bijzondere en gezonde Japanse groene thee. Daarnaast verkopen ze prachtig servies en accessoires.
papestraat 13, www.hugthetea.com, telefoon 0621171142, open ma 12.00-17.30, di-vr 10.00-17.30, za 11.00-17.30, prijs matcha tea € 3,50, tram 2, 3, 4, 6 grote markt, 16 gravenstraat

(28) **Lapsang** heeft de sfeer van een Parijse bistro door de ronde tafeltjes en houten stoeltjes. Hier geniet je van verse taartjes, een uitgebreide high tea of een heerlijke lunch. Probeer vooral de specialiteit: broodje rendang, Indisch rundvlees, volgens een familierecept. Ook leuk: bestel de goed gevulde picknickmand.
oude molstraat 11a, fb theesalonlapsang, telefoon 0703603598, open di-vr 9.00-17.00, za-zo 10.00-17.00, prijs broodje rendang € 8, tram 16 gravenstraat

(31) IJssalon **Florencia** is al sinds 1932 de bekendste ijssalon en -fabriek van Den Haag. Van werklui die er hun 'bakk e pleur' drinken – goed Haags voor een kop koffie – tot chique dames die er een ijsje voor hun kleinkind bestellen. Op het grote terras is zelfs op frisse dagen veel volk te vinden.
torenstraat 55, www.florenciaijs.nl, telefoon 0703630214, open zomer ma-vr 7.30-23.00, za-zo 8.00-23.00, winter ma-do 7.30-22.00, vr 7.30-23.00, za 8.00-23.00, zo 8.00-22.00, prijs bolletje ijs € 1,40, tram 16 noordwal

(35) Met een naam als **Confetti** denk je al snel aan feest. En dat is een bezoek aan Confetti ook zeker! Gezellige gekleurde tafels op het terras en binnen een ware kleurexplosie van pasteltinten. Ook de taartjes zijn feestelijk gedecoreerd. Ga je liever zelf aan de slag? Je kunt je eigen muffin versieren! Je kunt hier ook terecht voor een hartige hap.
prinsestraat 63, www.lunchroomconfetti.nl, open ma & wo-do 9.00-17.00, vr-zo 9.00-18.00, prijs cappuccino € 2,90, tram 16 noordwal

(38) **Bøg** biedt *nordic cuisine*, dat wil zeggen: de Deense open cultuur in een puur en zachte Scandinavische sfeer. Op de kaart staan gerechten gemaakt met biologische producten in creatieve combinaties, zoals duif met gerookte biet en bessen.
prinsestraat 130, bøg.com, telefoon 0704069044, open di-za 18.30-23.00, prijs vijfgangenmenu € 65, tram 16 noordwal

(39) **Pistache Café** is populair bij bloggers en Instagrammers. En dat is ook wel begrijpelijk, want deze hotspot heeft een fotogeniek hip, (pistache)groen interieur en serveert kleurrijk opgemaakte gerechten. Een leuke plek voor een kopje koffie met een heerlijk suikervrij taartje van Sue, of een gezonde lunch.
prinsestraat 134, fb cafepistachecafe, telefoon 0703626210, open ma, do & za-zo 8.00-18.00, di-wo & vr 8.00-17.00, prijs panini € 7,50, tram 16 noordwal

SHOPPEN

(9) Stoere mannen kunnen hun lol op bij **White**, je ziet hier van spijkerbroek tot zonnebril tot motor. Deze herenkledingzaak heeft het allemaal, in een lekker overzichtelijke winkel. Niet te veel fratsen dus, maar gewoon goed spul.
denneweg 116, www.whiteonline.nl, telefoon 0707560493, open ma 12.00-18.00, di-wo & vr-za 10.00-18.00, do 10.00-19.00, zo 12.00-17.00, tram 9 dr. kuyperstraat

(10) Bij **Inproc** haal je de meest verse en heerlijk geurende koffie voor eigen gebruik thuis. Deze thee- en koffiespecialist met eigen branderij bestaat al sinds 1853. Ze verkopen zowel eigen melanges als de betere koffie- en theemerken.
denneweg 63, www.inproc.nl, telefoon 0703461541, open di-vr 10.00-18.00, za 10.00-17.00, tram 9 dr. kuyperstraat

(18) **Het Appeltaartgevoel** is een winkel vol leuke cadeautjes, hebberigmakende woonaccessoires en stationery. Eigenaresse Marieke wil met haar winkel een 'appeltaartgevoel' oproepen: 'warmte, knus, huiselijk, gewoon een heel fijne sfeer'. En dat is gelukt! Loop ook even door naar de tuin voor en kopje koffie of thee. Met appeltaart natuurlijk.
noordeinde 79, www.hetappeltaartgevoel.nl, telefoon 0707370217, open di-za 10.00-17.30, zo 12.00-17.00, tram 1 kneuterdijk, bus 22, 24 kneuterdijk

⑲ Verstopt in een klein steegje aan het Noordeinde zit conceptstore **Couqou**. Een winkel vol interieurdesign en meubels, ambachtelijk gemaakt door eigenaar Nick. Verder vind je hier woonaccessoires en prachtige basic kleding van internationale ontwerpers en sieraden. In een creatieve bui? Je kunt in samenwerking met de eigenaar ook je eigen meubel ontwerpen.

noordeinde 59, www.couqou.com, telefoon 0614035203, open di & do-vr 11.00-17.30, za-zo 11.00-17.00, tram 1 kneuterdijk, bus 22, 24 kneuterdijk

㉔ Dit is echt een verborgen parel: **Monastic Store**. Hier verkopen de broeders van Sint Jan hun zelfgebrouwen bier. Je vindt er ook andere kloosterproducten zoals kaarsen, natuurlijke verzorgingsproducten en honingkoek. Ook is er prachtig aardewerk te koop, gemaakt door zusters die in stilte leven in Frankrijk. Boven de winkel is de Willibrorduskapel, een voormalige katholieke schuilkerk. Als de kapel open is, neem dan zeker een kijkje, alleen al voor de mooie glas-in-loodramen.

oude molstraat 35-37, www.monasticstore.nl, telefoon 0703654385, open wo-za 13.00-16.30, tram 2, 3, 4, 6 grote markt, 16 noordwal

Skatestore
Skatestore

㉕ Zodra je bij boulanger-patissier **Michel** binnenloopt, overvalt je dat fijne, Franse vakantiegevoel. Hier krijg je geen 'zachte-watten'-croissants, maar echte Franse, dus knapperig en met volle botersmaak. En fijn om te weten: alle producten zijn met biologische bloem en zonder conserveermiddelen en chemische stoffen gemaakt, dus *très délicieux*.
oude molstraat 17, www.boulangeriemichel.com, telefoon 0703468784, open di-zo 8.00-14.00, tram 16 gravenstraat, noordwal

㉗ **Michael Barnaart** is een jonge Haagse ontwerper, bekend van de Mondriaan-jurk. Zijn ontwerpen zijn eigenlijk symbolisch voor Den Haag; tikkie sjiek maar tegelijkertijd heel toegankelijk. Hij kan ook voor jou een jurk op maat maken. Jij kiest de kleur en het model en vervolgens wordt deze, heel duurzaam, in Nederland gemaakt. Wil je gelijk iets mee naar huis nemen? Michael verkoopt ook leuke accessoires zoals tassen en broches met het *Meisje met de parel*.
papestraat 1b, www.michaelbarnaart.com, telefoon 0707445705, open wo-vr 11.00-18.00, za 11.00-17.00, zo 13.00-17.00, tram 2, 3, 4, 6 grote markt, 16 gravenstraat

㉚ In de **Skatestore Den Haag** vind je behalve een ruime keuze aan skates, *decks* en *trucks* ook toffe gympen, streetwear en stoere accessoires voor groot, klein, hem en haar. Kundig en enthousiast personeel – zelf natuurlijk skaters – helpt je er graag.
torenstraat 37, www.skatestore.nl, telefoon 0703585884, open ma & zo 12.00-18.00, di-wo & vr-za 10.00-18.00, do 10.00-21.00, tram 16 noordwal

㉜ De winkel van eigenaresse Wendeline, **WWen**, staat bol van leuke, kleurige kleding, tassen en schoenen waar iedereen blij van wordt – mannen en vrouwen. Kleding van onder andere King Louis en Skunk Funk, sieraden met een grapje, gadgets... Eigenlijk te veel om op te noemen, maar de gemene deler is originaliteit. WWen is (gelukkig) verre van mainstream en dit is dan ook een goed adresje voor creatieve shoppers.
prinsestraat 70, www.wwen.nl, telefoon 0703927773, open di-vr 10.00-17.30, za 10.30-17.30, zo 12.00-17.00, tram 16 noordwal

㉝ Precies dat wat de naam suggereert is **Het Rariteitenkabinet**. Maar het is niet alleen maar kijken, kijken; je kunt er namelijk ook kopen. Het is iets tussen

een shop en een mini-museum voor natuur en cultuur in, vol fossielen, schedels, preparaten van zoogdieren, reptielen en vogels, volledige vlinders en insecten, maar ook bijzondere muziekinstrumenten, messen en gebruiksvoorwerpen uit andere culturen.
korte molenstraat 23, www.het-rariteiten-kabinet.nl, telefoon 0703562898, open wo-za 12.00-18.00, tram 16 noordwal

(34) *'OH DEAR a candyshop for jewellery lovers'*. En dat klopt wel! Bij **OH DEAR** vind je drie edelsmeden onder één dak die gemeen hebben dat ze fijne, subtiele en originele sieraden maken van hoge kwaliteit. Dat doen ze in het atelier achter in de winkel, op ambachtelijke wijze. De vitrines staan toegankelijk en speels opgesteld in de winkel en nodigen uit tot een rondje bewonderen. Je kunt ook samen met de edelsmeden een eigen uniek sieraad ontwerpen.
molenstraat 56, www.ohdearshop.com, telefoon 0708700607, open di-za 10.00-17.00, zo 13.00-17.00, tram 16 noordwal

(36) In de lichte en ruime winkel van **Kadenz** vind je minimalistische en tijdloze designstukken voor je interieur – maar ook een beetje voor jezelf, zoals horloges en zonnebrillen. Dit is een goed adres voor wooncadeaus, zoals handgemaakte schalen, vazen, serviezen en bijzondere lampen. Met hier een daar een snufje retro.
prinsestraat 98, www.kadenz.nl, telefoon 0703561029, open wo-vr 11.00-18.00, za 11.00-17.30, tram 16 noordwal

(37) **Op z'n kop** is een gezellig winkeltje vol prachtige bloemenschilderijtjes, brocante meubels, servies en vintage accessoires. Je kunt hier ook koffiedrinken en zo op je gemak alvast rondkijken wat je mee naar huis gaat nemen. Werkelijk alles is te koop! De stoel waarop je zit, het plantje op je tafel of het romantische omakopje waar je uit drinkt. Als eigenaar Marcel niet op pad is voor brocante, bakt hij zelf allerlei lekkers in de winkel. Verser wordt het niet en het ruikt er dan ook zalig. Wil je van alles proeven? Bestel dan de etagère vol zoete en hartige gerechtjes.
prinsestraat 112, fb opznkopdenhaag, telefoon 0681029018, open wo-za 11.30-17.30, tram 16 noordwal

33

34

LEUK OM TE DOEN

② Als de kermis na de viering van Koningsdag en 5 mei van het Lange Voorhout verdwijnt, halen veel Hagenaars opgelucht adem. Nu is er weer plaats voor de **antiek-, curiosa- en boekenmarkt**, een sfeervolle markt die deze toplocatie eer aandoet. In de winter blijft de boekenmarkt wekelijks doorgaan op Het Plein.
lange voorhout, www.haagseantiekenboekenmarkt.nl, open lange voorhout mei-sep do & zo 10.00-18.00, plein okt-mei do 10.00-17.00, tram 9 malieveld, bus 22, 24 kneuterdijk

④ **Pulchri Studio** is een centrum voor kunstliefhebbers en kunstenaars. In het monumentale pand op het Lange Voorhout worden regelmatig exposities gehouden. Kunstschilder Mesdag kocht dit oude patriciërshuis ooit samen met zijn broer. Hij liet op de plek van de koetshuizen expositiezalen bouwen: prachtige lichte ruimtes waar je nog altijd kunst kunt bekijken. Er is een leuke binnentuin waar je wat kunt drinken.
lange voorhout 15, www.pulchri.nl, telefoon 0703461735, cpen di-zo 12.00-17.00, entree gratis, tram 9 malieveld, bus 22, 24 kneuterdijk

(16) Het **Noordeinde** staat, behalve als de koninklijke straat, ook wel bekend als dé kunststraat van Den Haag. Hier vind je veel leuke en vooraanstaande galeries, zoals **De Galerie Den Haag** (nummer 69), waar ze niet alleen kunst verkopen maar ook verhuren, **Project 2.0** (nummer 57), **Galerie de Rijk** (nummer 95) en **De Twee Pauwen** (Oranjestraat 1).
noordeinde, www.hetnoordeinde.nl, tram 1 mauritskade, bus 22, 24 mauritskade

(20) Bij **Bookstor** kun je terecht voor koffie, muziek, tekenles, presentaties en uiteraard boeken! In het prachtige historische pand is het heerlijk boeken en lokale kunst bewonderen. Geniet van je koffie in een van de knusse zitjes binnen, in de serre of op het terras met uitzicht op Paleis Noordeinde. Bookstor heeft het interieur gehouden zoals het vroeger was: sjiek, sfeervol en met veel hout. Bij aankoop van een boek krijg je een kopje koffie cadeau.
noordeinde 39, www.bookstor.nl, telefoon 0703265790, open dagelijks 8.00-19.00, tram 1 kneuterdijk, bus 22, 24 kneuterdijk

(40) Op de bankjes of op het gazon van de **Paleistuin** kun je even lekker uitrusten of picknicken. Vroeger was dit kleine stadspark de achtertuin van Paleis Noordeinde. In 1954 werd het openbaar. Het park grenst ook aan de **Koninklijke stallen**, waar de paarden van de koninklijke familie staan en waarvandaan op Prinsjesdag de Gouden Koets vertrekt.
ingang prinsessewal, www.denhaag.com/nl/locatie/9136/paleistuin, open van zonsopkomst tot zonsondergang, entree gratis, tram 16 noordwal

(41) **Grapes & Olives** doet denken aan een mediterrane *enoteca*. Kies voor een plankje kaas of worst met een glas Zuid-Europese wijn en geniet ervan op de terrasboot. Een bezoekje aan Grapes and Olives is alsof je even op vakantie bent in het mediterrane gebied.
veenkade 1, www.grapesandolives.nl, telefoon 0703466682, open wo & zo 12.00-23.00, do-za 12.00-0.00, tram 16 noordwal

ANTWERPEN

FASHIONABLE & CREATIEVE WERELDSTAD

CITY HIGHLIGHTS

ANTIEKWINKELS KLOOSTERSTRAAT + APÉRO OP DE MARNIXPLAATS + MUSEUM AAN DE STROOM (MAS) + MODEMUSEUM + SHOPPEN BIJ BEKENDE ANTWERPSE DESIGNERS

DE STAD

Hoewel het voor locals aanvoelt als een dorp, heeft Antwerpen evenveel te bieden als een metropool. Een creatieve wereldstad op een kleine, gezellige oppervlakte. Antwerpen is een stad voor iedereen, met unieke wijken die allemaal een ander publiek hebben. Het Historisch Centrum kenmerkt zich door sfeervolle smalle straatjes met kasseien, de imposante kathedraal en de **Grote Markt**. Het is het terrein van toeristen, locals en studenten, die hier samenkomen op de gezellige terrasjes

Fashionista's halen hun hart op in de Modewijk. Hier vind je de perfecte mix tussen volks en hip. De **Nationalestraat** is het modecentrum van de stad. In de Kloosterstraat zijn op zondag de brocantewinkels in trek. Cultuurliefhebbers vinden hun gading in de vele musea. Of je nu houdt van oude meesters of *the latest fashion*, er is voor ieders smaak een museum te vinden. Ook op historisch en architectuurvlak telt 't Stad – zoals de Antwerpenaren zeggen - mee..

Om de stadsdrukte even te ontvluchten, ga je naar 't Eilandje en 't Noord. Of bezoek een van de parken of ga op een plein zitten om mensen te kijken.

Honger gekregen? De foodscene is fantastisch, en er komen steeds nieuwe inspirerende plekjes bij. Eten kun je in Antwerpen bijna de hele dag door. Veel restaurants gaan rond de middag open. Na het werk gaan de Antwerpenaren vaak nog 'een pintje pakken'. Rond 19.30 schuif je aan voor het diner.

ROUTE 4

'T ZUID & NIEUW ZUID

OVER DE ROUTE

't Zuid is de absolute hotspot van dit moment. Het is dé plek om lekker uit eten te gaan of om een galerie te bezoeken. Deze route is best lang, maar je komt langs prachtige huizen. Focus eventueel op de buurt rond het Koninklijk Museum voor Schone Kunsten of neem de fiets om als een echte local alle bijzondere plekjes van 't Zuid te ontdekken.

DE WIJKEN

't Zuid is de hipste buurt van Antwerpen om in te wonen. Vooral een jong, kinderloos publiek met een goedgevulde portemonnee vindt hier zijn optrekje. Had je dat 25 jaar geleden beweerd, dan had niemand je geloofd. Toen wilde niemand er wonen. De buurt ontstond aan het einde van de 19e eeuw. Er werd een nieuwe, chique wijk voor de gegoede burgerij gebouwd. De architectuur werd beïnvloed door Parijs: brede lanen en een stervormig stratenpatroon. De dokhaven voor binnenschippers (nu de Gedempte Zuiderdokken), de pakhuizen, het **Museum voor Schone Kunsten**, pleinen en boulevards zorgden voor een levendige woon- en havenbuurt. Maar langzaam ging de wijk achteruit, de dokken werden gedempt en de bedrijven trokken weg. De huizenmarkt stortte in en dat leek midden jaren 80 het einde van 't Zuid.

Tot kunstenaars en fotografen lucht kregen van de lage huizenprijzen. Massaal trokken ze de wijk in en veel jonge mensen volgden. Woningen werden opgeknapt en de buurt kreeg een enorme impuls. Nu is 't Zuid een bruisend stukje stad. Talloze cafés, eethuisjes en winkels openden hun deuren. Toch blijft de kunstzinnige sfeer er hangen: 't Zuid is het artistieke hart van de stad, met talloze galeries en interessante musea.

Het **Justitiepaleis** heeft zijn stempel op de buurt gedrukt. Locals noemen het puntige gebouw liefkozend 'het vlinderpaleis' of spottend 'de frietzakskes'.

De wijk aan de andere kant van de Leien is in volle bloei. Vlot bereikbaar en het is er nog redelijk betaalbaar om te wonen. De hippe barretjes en bistro's schieten als paddestoelen uit de grond. Zeker nu ook het nieuwe gebouw van Karel De Grote Hogeschool in gebruik is, bruist de buurt als nooit tevoren. Van vegan hotspots tot de hipste koffiebars en een multiculti winkelstraat, het **Nieuwe Zuid** is absoluut *the place to be*.

WEINIG TIJD? DIT ZIJN DE HOOGTEPUNTEN:
FOTOMUSEUM + TINSEL + MARNIXPLAATS + ENES + KOLONEL COFFEE

TIPS

// Zeker doen als je voor het eerst in Antwerpen bent
// Liefhebbers van culinaire hoogstandjes kunnen hier hun hart ophalen
// Leuke route om met de fiets te doen

LEGENDA
>> BEZIENSWAARDIGHEDEN
>> ETEN & DRINKEN
>> SHOPPEN
>> LEUK OM TE DOEN
MODEW
'T ZUID
Museum van Hedendaagse Kunst Antwerpen
Fotomuseum Antwerpen
Koninklijk Museum voor Schone Kunsten
Konijnenwei
SCHELDESTRAAT
VLAAMSEKAAI
WAALSEKAAI
WAPENSTRAAT
LUIKSTRAAT
VISSERSKAAI
LAKENSTRAAT
DE GERLACHEKAAI
VERVIERSSTRAAT
SCHALIËNSTRAAT
NAMENSTRAAT
VAN DER SWEEPSTRAAT
VERSCHANSINGSTRAAT
KASTEELSTRAAT
LEOPOLD DE WAELPLAATS
DE BURBURESTRAAT
MUSEUMSTRAAT
VERLATSTRAAT
GRAAF VAN EGMONTSTRAAT
KLOOSTERSTRAAT
VOLKSTRAAT
KAREL ROGIERSTRAAT
SCHILDERSSTRAAT
PLAATSNIJDERSSTRAAT
ZWIJGERSTRAAT
KRONENBURGSTRAAT
WILLEM LEPELSTRAAT
RIEMSTRAAT
TIMMERWERFSTRAAT
AMERIKALEI
PACIFICATIESTRAAT
EDWARD PECHERSTRAAT
GIJZEL AARSSTRAAT
JAN VAN GENTSTRAAT
BOLIVARPLAATS
BOLIVARTUNNEL
CUYLITSSTRAAT
JAN VAN BEERSSTRAAT
DENDERMONDESTRAAT
BREDERODESTRAAT
BELEGSTRAAT
BROEDERMINSTRAAT
BALANSSTRAAT
IEPERSTRAAT
SINGEL
ALLEWAERTSTRAAT
ADMIRAAL DE BOISOTSTRAAT
GRAAF V. HOORNESTRAAT
LANGE BATTERIJSTRAAT
LANGE ACHTEROMSTRAAT

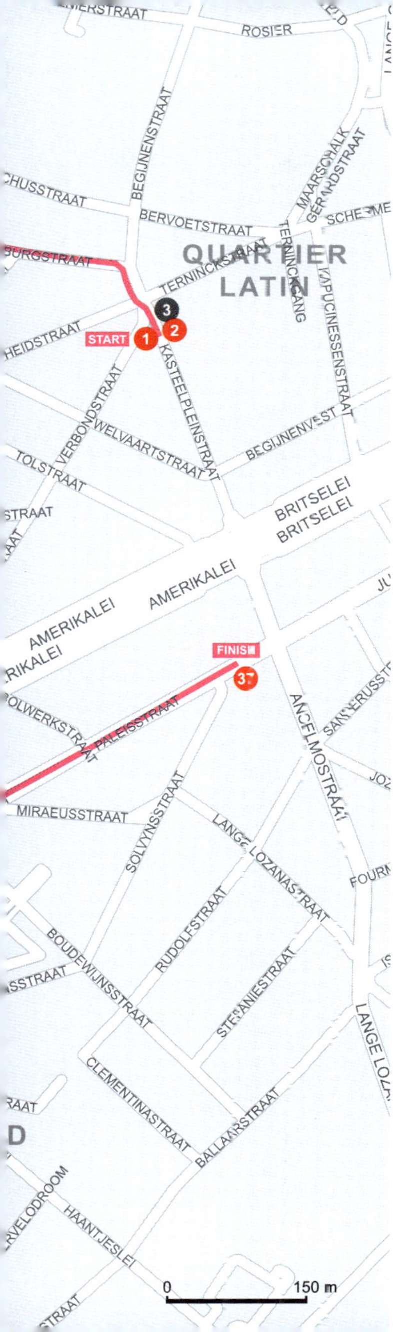

ANTWERPEN 'T ZUID & NIEUW ZUID

1. Mirlo's
2. Le John
3. CronopiO
4. Baby Beluga
5. L'épicerie du Cirque
6. Fresh 34
7. Marnixplaats
8. Volkshuis 'Help U Zelve'
9. 5 Flavors Mmei
10. Enes
11. Steen en Been
12. Ann Demeulemeester
13. Galeries
14. Koninklijk Museum voor Schone Kunsten
15. Het Bootje
16. Shomré Hadass-synagoge
17. Finjan
18. Café Hopper
19. Civiltà del bere
20. Clinic
21. L'Amitié
22. Bar Burbure
23. Tinsel
24. Staff's Kantine
25. Museum van Hedendaagse Kunst Antwerpen
26. Wandeling langs de vernieuwde kaaien
27. FOMU
28. Gelato Factory
29. The Dirty Rabbit
30. Delicate
31. Café Costume
32. Butchers Coffee
33. Justitiepaleis
34. Monty
35. Kolonel Koffie
36. Brederodestraat
37. CAMION

ROUTEBESCHRIJVING 4 (ca. 6,9 km)

Begin je dag in de Kasteelpleinstraat met een ontbijt 1 en misschien een reservering voor vanavond 2? Shop boeken en drink koffie 3. Ga links de Kronenburgstraat in, en dan weer links de Volkstraat in. Winkel bij Baby Beluga 4. Las onderweg een lunchpauze in 5 en shop moois bij Fresh 34 6. Ga linksaf de Scheldestraat in naar de Marnixplaats voor een terrasje 7. Wandel terug door de Scheldestraat en ga links opnieuw de Volkstraat in. Bewonder het prachtige art nouveau Volkshuis 8. Smul van dimsums 9. Winkel bij Enes 10, snuffel rond bij Steen en Been 11 en verlekker je bij de etalage van Ann Demeulemeester 12. Geniet van kunstwerken in de galeries op de Leopold de Waelplaats 13. Bewonder het Museum voor Schone Kunsten 14. Wandel via de Schildersstraat linksom rond het museum en bekijk 'het Bootje' 15 en de synagoge 16. Je komt terug aan de voorkant van het museum, waar veel leuke restaurants en cafés zijn 17 18 19. Ga links de De Burburestraat in en shop bij de gigawinkel Clinic 20. Eet op de Vlaamsekaai 21 en drink drankjes in stijl 22. Bij Tinsel 23 eet je de hele dag door ontbijt. Wandel verder tot de Scheldestraat, ga rechtsaf de Graaf van Egmontstraat in, waar je later op de dag terechtkunt bij Staff's Kantine 24. Loop terug, linksaf de Scheldestraat in richting de Waalsekaai. Ga hier links, bezoek musea 25 27 en ontdek tussendoor de vernieuwde kaaien 26. Ga links in de Vervierstraat naar de Gillisplaats. Loop de Verschansingstraat in voor een ijsje 28. Voor drankjes en om de nacht weg te dansen moet je terug naar de Vlaamsekaai 29. Wandel naar de Pacificatiestraat voor heerlijke kazen bij Delicate 30. Bij de Emiel Banningstraat ga je links voor een kostuum op maat 31. Loop verder naar de Lambermontplaats en neem daar de Kasteelstraat tot je bij de coolste koffie- en lunchbar 32 komt. Ga op het einde van de straat naar rechts en zie het Justitiepaleis 33 opduiken. Wandel ernaartoe en keer via de Amerikalei terug tot aan de Montignystraat voor de Monty 34. Loop verder naar de Troonplaats voor koffie en taart 35. Wandel rechts de Broederminstraat in naar de multiculti Brederodestraat 36. Eindig bij een geweldig *plant based* eettentje 37.

BEZIENSWAARDIGHEDEN

⑧ In 1897 startte een groep arbeiders een coöperatieve bakkerij. Die bracht zoveel geld op dat de arbeiders in 1901 het imposante **Volkshuis 'Help U Zelve'** konden bouwen. Deze art-nouveauparel in steen, smeedijzer en mooie mozaïek is sinds 1974 een monument. Ook nu wordt er aan volksverheffing gedaan, want het pand is eigendom van de Rudolf Steinerscholen.

volkstraat 40, niet geopend voor publiek, tram 4 tropisch instituut

⑭ Het imposante gebouw van het **Koninklijk Museum voor Schone Kunsten** (KMSKA) dwingt respect af, want hier hangt het werk van de grootste schilders uit de Lage Landen. Het museum is gesloten voor renovatie tot eind 2021, maar de collectie wordt uitgeleend en reist rond. Een zwoele zomeravond in de stad? De Antwerpenaren komen samen op de trappen voor het gebouw. Vanaf hier kun je de Diepe Fontein van Cristina Iglesias bewonderen: de fontein der traagheid loopt in twintig minuten vol en weer leeg.

leopold de waelplaats 2, www.kmska.be, telefoon 032249550, zie website voor tijden en prijzen, tram 1 montigny, 4 museum

⑮ Als je een rondje om het Museum voor Schone Kunsten wandelt, trekt je blik vast naar het art-nouveauhuis De Vijf Werelddelen; het kleine hoekgebouw waar een schip uit de gevel komt; in de volksmond ook wel bekend als **Het Bootje**. De opdrachtgever en toenmalige eigenaar van het gebouw was, niet verwonderlijk, een reparateur van houten boten.

hoekhuis schildersstraat 2, niet geopend voor publiek, tram 1 montigny, 4 museum

⑯ Eind 19e eeuw kwamen er tijdens een grote immigratiegolf veel joden in de stad wonen, waardoor er behoefte was aan een synagoge. In 1893 werd de **Shomré Hadass-synagoge** geopend. Deze wordt ook wel de 'Hollandse synagoge' genoemd, omdat hier veel Nederlandse joden kwamen. Het is een prachtig gebouw, opgetrokken in neo-Moorse stijl met een Spaans-Arabisch interieur.

bouwmeestersstraat 7, niet geopend voor publiek, tram 1 montigny, 4 museum

15

(25) Het **Museum van Hedendaagse Kunst Antwerpen** (M HKA) presenteert kunst uit de jaren 70 tot nu. Er zijn regelmatig wisselende tentoonstellingen. Je komt hier van alles tegen: foto's, hoorspelen, muziek en sculpturen. Eigenlijk kun je het zo gek niet bedenken of M HKA heeft het in huis. Je kunt het hele jaar door terecht op het dakterras om iets te drinken. Hier wil je niet meer weg!
leuvenstraat 32, www.muhka.be, telefoon 032609999, open di-zo 11.00-18.00, entree € 12, tram 4 museum

(27) Het **FOMU** (Fotomuseum Antwerpen) is een van de mooiste musea van de stad. Je ziet er werk van bekende en minder bekende fotografen. Kunstfotografie, persfotografie en zelfs misdaadfotografie kom je tegen in de verrassende tentoonstellingen. Ook het Filmmuseum zit in dit pand. In het auditorium worden zowel oude als nieuwe films vertoond.
waalsekaai 47, www.fotomuseum.be, telefoon 032429300, open di-zo 10.00-18.00, entree € 10, tram 4 pacificatie

(33) Het **Justitiepaleis** verwelkomt bezoekers die de stad vanuit het zuiden binnenrijden. Vanwege de puntige schaaldaken wordt het gebouw ook wel 'het vlinderpaleis' of 'de frietzakskes' genoemd. Dit vernieuwende ontwerp van Richard Rogers is niet alleen gedurfd en apart, maar ook duurzaam en milieuvriendelijk.
bolivarplaats 20, niet geopend voor publiek, tram 1, 4 bolivarplaats

ETEN & DRINKEN

(1) Eigenares Merel wilde met haar ontbijt- en lunchadres **Mirlo's** een plek creëren waar haar drie all-time favourite *things in life* samenkomen. Ze serveert écht goede koffie, lekker eten en ze verkoopt mooie interieurspulletjes.
verbondstraat 1, www.mirlos.be, telefoon 038880466, open ma & wo-vr 8.00-15.00, za-zo 10.00-15.00, prijs cappuccino € 3,20, bus 22 kronenburgstraat, tram 1, 10 kasteelplein

(2) Je vindt restaurant **Le John** in een art-decogebouw. De inrichting is puur en stijlvol: houten refterstoelen, zwarte tafels, een paar kamerplanten en tafels

gedekt met elegante glazen en bestek. Daarbij kun je al even elegante Frans-Belgische gerechtjes verwachten die je à la carte bestelt. Start met Gillardeau oesters, dan een risotto of eendenborst met veenbes, hazelnoot en ui en sluit af met kazen van Van Tricht. Ga ook langs hun bar, die een verdieping hoger ligt.
kasteelpleinstraat 25, www.lejohn.be, telefoon 0488090912, open di-za 18.00-23.00, prijs € 25, bus 22 kronenburgstraat, tram 1, 10 kasteelplein

(5) **L'épicerie du Cirque** was al lang een begrip onder Antwerpenaren, maar sinds chef Dennis Broeckx in 2013 zijn eerste Michelinster kreeg, staat dit gezellige adres op de lijst van iedere foodie. En al helemaal omdat het zo toegankelijk is. Geen tafellakens, wel uiterst charmante bediening in jeans en sneakers. Loop zeker ook binnen in delicatessenzaak Moss, waar je niet alleen lekkers *to go* kunt kopen maar ook kunt neerploffen voor een brunch of lunch. Naast Moss vind je ook hun **Bar Palmier**, een paradijsje van natuurwijnen waar je van kleine *sharing dishes* smikkelt.
volkstraat 13, www.lepicerieducirque.be, telefoon 032380571, open wo-do 18.30-21.30, vr-za 12.00-14.00 & 18.30-21.30, prijs € 32, tram 4 tropisch instituut

(7) Op de gezellige **Marnixplaats**, een pleintje waar de terrassen altijd afgeladen vol zitten, vind je allerlei lekkere restaurantjes zoals **Fiskebar**, **Takumi** en **Tio**. Ook zitten er populaire cafés als **Café Baron** en de **Vitrin**. Van 's ochtends vroeg tot 's avonds laat is hier altijd ambiance. De sfeer opsnuiven en kijken naar de zonsondergang boven het prachtige plein kan tellen als een must do!
marnixplaats, tram 4 museum

(9) Voor authentiek Chinees eten ga je naar **5 Flavors Mmei**. De eigenaren hadden jarenlang een zaak in het Antwerpse Chinatown, totdat ze naar de hippe Volkstraat verhuisden. Ga zeker voor het dimsummenu, want een betere versie van de gestoomde hapjes vind je niet in Antwerpen.
volkstraat 37, www.5flavors-mmei.be, telefoon 032813037, open wo-zo 12.00-14.30 & 18.00-23.00, prijs dimsummenu € 30, tram 4 museum

(17) Voor de Midden-Oosterse keuken ga je naar **Finjan**. Hier kom je voor een lekkere pita, *chakchuka* of falafelballetjes. Ideaal voor een snelle hap, of dat nu als diner bedoeld is of als avondsnack na het *pintelieren* bij het cosy Chatleroi

Lunch all afternoon

1
BESTELLEN
AAN DE BAR

23

23

24

35

bijvoorbeeld dat op de hoek ernaast ligt). Het is hier best gezellig zitten. Ben je met een groep? Dan reserveer je de grote ronde tafel achterin.
graaf van hoornestraat 1, www.finjan.be, telefoon 032487714, open dagelijks 11.30-15.00 & 17.00-0.00, prijs kleine pita € 9,30, tram 4 museum

⑱ Al bijna dertig jaar een begrip op 't Antwerpse Zuid: **Café Hopper**. Wie dol is op jazz, loopt hier de deur plat. Er zijn regelmatig optredens. Ook spot je hier bekende Vlamingen.
leopold de waelstraat 2, www.cafehopper.be, telefoon 032484933, open ma-di 15.00-23.00, wo-zo 11.00-23.00, prijs crankje € 4, tram 4 museum

⑲ Voor dunne houtovenpizza's en heerlijke Italiaanse wijnen moet je naar **Civiltà del bere**. Dit restaurant ligt vlak bij het Koninklijk Museum voor Schone Kunsten. Het is er gezellig druk, je kunt dus het beste van tevoren een tafeltje reserveren.
de burburestraat 43, www.civiltadelbere.be, telefoon 032575660, open ma & wo-za 12.00-15.00 & 18.00-23.00, zo 12.00-22.00, prijs pizza € 18, tram 4 museum

㉑ Na negen jaar **L'Amitié** was het tijd voor verandering, vond chef Thomas Baeyens. Hij maakte van zijn restaurant een bistro-bar waar je de hele dag door terechtkunt, of dat nu voor een glas wijn en een hapje als vieruurtje is, of voor een diner 's avonds. Je vindt verschillende kleine gerechtjes op de kaart, die stuk voor stuk culinaire hoogstandjes zijn. Foodies komen hier dus ongetwijfeld aan hun trekken.
vlaamsekaai 43, www.lamitie.net, telefoon 032575005, open ma-vr 12.00-13.30 & 18.00-21.30, prijs klein gerecht € 15 tram 1 montigny, 4 museum

㉒ Borrelen doe je bij **Bar Burbure** op het Antwerpse Zuid. Eigenaar Jurgen Lijcops – ook van toprestaurant The Glorious om de hoek – droomde ervan een even goede bar op te starten. Eentje met een werelds karakter, zoals je ze vindt in Londen, Milaan of New York. Verwacht dus een stijlvol interieur, perfect geshakete drankjes en gratis fingerfood in de vooravond. De moeite!
vlaamsekaai 41, www.barburbure.be, open di-za 16.00-1.30, prijs cocktail € 15, tram 1 montigny, 4 museum

(23) Van het brood tot de taarten en de waterijsjes: eigenaresse Tine maakt álles zelf. Je bestelling wordt ter plekke bereid. Hierdoor moet je bij **Tinsel** soms wat langer wachten, maar dan is alles kraakvers. Geniet van een ontbijt van pannenkoeken met blauwe bessen of yoghurt met huisgemaakte granola. Lunchen doe je met een stevige boterham of een salade met een stuk quiche. Er is een leuk terras, waar je eindeloos kunt blijven hangen.
vlaamsekaai 40, www.tinsel.be, open ma-di & do-vr 8.00-17.00, za-zo 9.00-17.00, prijs sandwich € 10,80, tram 1 montigny, 4 museum

(24) Een avond bij **Staff's Kantine**, vernoemd naar het zoontje van chef-kok Tom, is een beetje als thuiskomen: de uitgebreide kaart staat vol met grootmoeders klassiekers. Het interieur met vintagemeubels, kaarsjes en zacht gedimd licht zorgt voor een warme, gezellige sfeer. Een aanrader voor een romantisch etentje met je lief.
graaf van egmontstraat 19, fb staffskantine, telefoon 032936381, open di-za 18.00-22.00, prijs € 20, tram 4 tropisch instituut

(28) Een Antwerpse veertiger wilde zijn leven over een andere boeg gooien en volgde in Italië een cursus *gelato* maken. Enkele maanden later werd **Gelato Factory** geboren op het Antwerpse Zuid. Je proeft er de liefde voor het ambacht en verse producten. De ideale stopplaats tijdens een wandeling door de stad. Houd jij het liever gezond? Dan kun je aan de overkant van de straat naar **Jus Jus**, waar ze *slow pressed juices* verkopen.
verschansingstraat 57, www.gelatofactory.be, telefoon 0473815333, open dagelijks 14.00-23.00, prijs gelato € 4, tram 1 montigny, 4 museum

(29) Het interieur van **The Dirty Rabbit** is uniek: graffiti, neonlichten, een dj-tafel bezet met oude cassettebandjes en een oldskool flipperkast. Je drinkt er heerlijk geshakete cocktails en bestelt er lekkere fingerfood. Op vrijdag treden er opkomende artiesten op, zaterdag wordt er gedanst. Heerlijke no-nonsensevibe.
gentplaats 1, www.thedirtyrabbit.be, telefoon 032489595, open wo-zo 17.00-1.00, prijs cocktail € 11, tram 4 pacificatie

(30) Alle kaasliefhebbers steken meteen hun neuzen in de lucht want **Delicate** is hét (lunch)adres als het kaas betreft. In deze prachtige delicatessenzaak kun je

ook ontbijten, lunchen en borrelen. Alle kazen en charcuterie worden per seizoen gekozen door Barbara Doganay. Deze geweldige vrouw is sommelier en fromagier en werkte eerder voor grote namen als Sergio Herman en de kaasaffineurs Van Tricht. Gelukkig voor ons startte ze dus zelf een eigen zaak op 't Zuid in Antwerpen.
gijzelaarsstraat 58, www.delicateantwerp.be, telefoon 0468297131, open di-vr 8.30-18.00, za 10.00-17.00, prijs klein ontbijt € 11,90, tram 4 pacificatie

(32) Nadat barista's Dave en Paolo in koffiebars over de hele wereld gewerkt hadden, besloten ze hun eigen zaak te openen vlak bij het Justitiepaleis van Antwerpen. Ze transformeerden een oude slagerij tot koffiebar, doopten het **Butchers Coffee** en serveren er nu heerlijke kopjes koffie. De koffiebar ligt aan een pleintje, waar je bij mooi (winter)weer goed op het terras kunt zitten.
kasteelstraat 57, butcherscoffee.be, telefoon 033349193, open ma-vr 8.00-16.00, za-zo 9.00-17.00, prijs koffie € 3, tram 1, 4 bolivarplaats

35
KOLONEL
KOFFIE

28

9

11

(35) Bij **Kolonel Koffie** is het de hele dag door gezellig druk. Naast heel goede koffie, bestel je er croissants of yoghurt met granola voor het ontbijt, dikke bruine boterhammen als lunch of homemade muffins om 16.00 uur. De jonge artieste Charlotte De Cock versierde de gevel.
montignystraat 51, www.kolonelkoffie.be, open ma-vr 8.00-18.00, za 9.00-18.00, prijs koffie € 3, tram 1 montigny, 10 broedermin

(37) **CAMION**, dat is de samenvoeging van de namen van oprichtsters Camille & Boqion. Het is ook eerlijke koffie, lunch, speciale natuurwijntjes, overheerlijke cocktails & *sharing food*. Gezellig tafelen van 's middags tot 's avonds. Alles is vegetarisch en/of veganistisch en in een casual jasje gestoken, maar wel prachtig opgemaakt.
paleisstraat 7, www.camion-antwerpen.be, telefoon 03435 44 35, open wo-za 11.30-22.00, prijs sharing menu € 27, bus 22 sanderusstraat, tram 1, 10 kasteelplein

SHOPPEN

(3) De charmante eigenares van **CronopiO** helpt je maar al te graag bij het uitkiezen van een goed boek. Er ligt een erg interessante selectie: Nederlands-, Engels- en Spaanstalige leesboeken en mooie koffietafelboeken over kunst, architectuur en fotografie. Er is ook een hoekje waar je leuk leesvoer voor je kleintje shopt. Blijf er nadien nog even hangen, want in deze *bookshop-meets-coffeebar* slurp je van goede koffie en proef je van lekkere huisgemaakte taart.
kasteelpleinstraat 21, www.cronopio.be, telefoon 032266894, open wo-zo 12.00-19.00, bus 22 kronenburgstraat, tram 1, 10 kasteelplein

(4) **Baby Beluga** staat voor sexy, frivool, glamour en humor. Meisjes kopen er zijden topjes en lieflijke lingerie, maar ook kettinkjes, avondtasjes, riemen en sandalen. Dé vrouwenwinkel bij uitstek.
volkstraat 1, www.babybeluga.be, telefoon 032899060, open ma-za 10.30-18.00, tram 4 tropisch instituut

(6) Of je je nu spiegelt aan *les filles Parisiennes*, een New Yorkse of een Scandinavische schone, bij **Fresh 34** vind je altijd wel iets naar je smaak. Je

hebt de keuze uit hippe merken als IRO, Sessùn, Leon & Harper en Mauro Grifoni. Klasse en kwaliteit vind je ook bij zus Sessùn op de Lombardenvest.
volkstraat 34, www.freshshop.be, telefoon 032375023, open ma-za 10.30-18.30, tram 4 tropisch instituut

⑩ Bij multimerkenwinkel **Enes** verkopen ze naast een heleboel prachtige kleren (zowel internationale als Belgische merken) ook beautyproducten, boeken en accessoires. Ze hebben er een bar, een patio en drie gastenkamers, ideaal dus als je wilt overnachten op het hippe Antwerpse Zuid. Het interieur van de winkel en de kamers werd onder handen genomen door architect Gert Voorjans, en geloof ons: hij transformeerde het herenhuis tot een pareltje.
volkstraat 58, www.enes.be, telefoon 032274693, open ma 11.00-18.00, wo-do 10.00-18.00, vr-za 10.00-18.30, zo 13.00-18.00, tram 4 tropisch instituut

⑪ Al lang voor het verzamelen van skeletten, opgezette vlinders en koralen een hype werd, kon je ervoor terecht bij het schitterende rariteitenwinkeltje **Steen en Been**. De eigenaar is erg sympathiek en weet alles te vertellen over dieren en mineralen. De etalage alleen al is de moeite om even naar te blijven kijken, maar ga zeker ook naar binnen om er een imposant stuk voor in je interieur te scoren. Neem cash mee, want ze aanvaarden geen betaalkaarten.
volkstraat 59, www.steenenbeen.be, telefoon 032372522, open di & do-za 11.00-18.00, tram 4 museum

⑫ De nieuwste collectie van Belgisch modehuis **Ann Demeulemeester** hangt losjes gedrapeerd op paspoppen die met touwtjes aan het plafond bevestigd zijn. In dit prachtige pand, waarin je bijna zou verdwalen, krijgen de ontwerpen alle ruimte en aandacht die ze verdienen.
leopold de waelplaats 3, www.anndemeulemeester.be, telefoon 032160133, open ma-za 10.30-18.30, tram 1 montigny, 4 museum

⑳ **Clinic** biedt je eerste hulp bij stijlproblemen. De keuze (vrouwen- én mannenkledij) is gigantisch, voor een 'trend-infuus' ben je hier dus aan het goede adres. Deze winkel is trouwens ook elke zondagmiddag geopend.
de burburestraat 5, www.clinicantwerp.com, telefoon 032486911, open di-za 10.00-18.30, zo 13.00-18.00, tram 1 montigny, 4 museum

(31) De jongste generatie van de familie Van Gils pakt uit met een concept dat modebewuste mannen ongetwijfeld aanspreekt: op maat gemaakte kostuums die tot in detail aan je smaak zijn aan te passen, zonder dat je direct een fortuin kwijt bent. **Café Costume** is een trendy winkel voor dito publiek. Ze hebben nog een winkel/bar op huisnummer 15, waar je tijdens het passen ook meteen van een cocktail kunt nippen. Let wel: beide winkels bezoek je alleen op afspraak.
emiel banningstraat 11, www.cafecostume.com, telefoon 032573002, open op afspraak ma-vr 11.00-19.00, za 10.00-18.00, tram 4 pacificatie

LEUK OM TE DOEN

(13) 't Zuid is het kloppende hart van de Antwerpse kunstscene. De buurt werd gered van de verloedering door kunstenaars die hier huizen kochten en renoveerden. Er zijn dan ook heel wat **galeries**. Minneke Van Campen van **Van Campen & Rochtus** heeft een neus voor aanstormend talent. **Galerie Jamar** aan de Cockerillkaai (*www.galeriejamar.be*) is gespecialiseerd in hedendaagse Belgische

Meet the locals

kunst. En bij veilinghuis **Bernaerts** in de Verlatstraat gaan topstukken onder de hamer (*www.bernaerts.be*).

leopold de waelplaats 24a, www.galerievcr.be, telefoon 03 2940662, open do-vr 12.00-18.00, za-zo 14.00-18.00, tram 1 montigny, 4 museum

(26) Maak een **wandeling** of ga sporten **langs de vernieuwde kaaien** om te genieten van het uitzicht langs de Schelde, maar ook om even ontspanning op te zoeken. Je vindt er onder andere een grote speeltuin voor kinderen, een jeu-de-boulesbaan en zelfs een openluchtfitness. Doe enkele pull-ups en gebruik de gevarieerde toestellen om aan je conditie te werken. Of geniet van de uitgestrekte ruimte om te joggen of te skaten.

kaaien zuid, tram 4 pacificatie

(34) Als je van theater houdt, dan is kultuurfaktorij **Monty** een goed idee. Ze geven kleinschalige producties (uit binnen- en buitenland) de kans om op hun podium te staan. Cultureel avondje uit? Dan wil je Monty niet overslaan.

montignystraat 3, www.monty.be, telefoon 032386497, zie website voor tijden, entree € 12 of € 16, tram 1 montigny, 4 pacificatie

(36) Dat het Nieuw Zuid multiculti is, merk je in de **Brederodestraat**. Hier zit het ene Turkse of Marokkaanse winkeltje naast het andere. De buurtbewoners kopen hier goede producten in voor een eerlijke prijs. Op het Halfmaanpleintje vormen grote rode letters de naam van de straat.

brederodestraat, tram 10 broedermin

KORTRIJK

UPCOMING, MET OOG VOOR TRADITIE & DESIGN

CITY HIGHLIGHTS

LEIEBOORDEN + BUDASTRAAT + BEGIJNHOF + KORTRIJK 1302 & GULDENSPORENOPSLAG + MUZIEKCENTRUM TRACK

DE STAD

Het ligt zowat in Frankrijk, maar wie de moeite neemt om naar Kortrijk te gaan, wordt getrakteerd op een verrassing. Kortrijk is een stad in volle bloei. Dat merk je aan het stijgend aantal inwoners en bezoekers.

Tijdens een stedentrip Kortrijk wandel je door leuke wijken die het rijke verleden moeiteloos weten te combineren met het heden. Volg de oevers van de Leie richting historische bezienswaardigheden zoals de **Broeltorens**, de innovatieve boetieks en conceptstores, de hippe restaurants en sfeervolle cafés.

De tips voor Kortrijk doen je kennismaken met de zin naar ondernemen en design in de stad. Je vindt hier goede musea, kunstcentra en theaters. De stad is enorm in ontwikkeling de laatste jaren. Het platform Designregio Kortrijk organiseert jaarlijks tal van projecten die de creativiteit, innovatie en het ondernemerschap stimuleren. Sinds 2017 is Kortrijk verbonden met het prestigieuze **UNESCO Creative Cities Network**.

Kortrijk zet ook heel hard in op duurzaamheid. De stad werd verkozen tot **Vlaamse fietsstad van 2020**. De stad blijft investeren in een veilig fietsbeleid, zo zijn er heel wat fietsstraten in het centrum waarbij auto's achter fietsers moeten blijven rijden.

Klein, maar zeer fijn en daarom uitermate geschikt voor een korte stedentrip met overnachting! Echt een ontdekking!

ROUTE 5

BUDA-EILAND & LEIEBOORDEN

OVER DE ROUTE

Deze route is een aanrader voor de artistieke bezoeker die een vleugje geschiedenis weet te waarderen. Langs de oevers van de Leie maak je kennis met het designhart van de stad en neem je een duik in het rijke verleden van de Guldensporenstad. Onderweg kom je allerlei plekken tegen om even op adem komen, zoals Buda Beach, Kortrijk Weide of langs de verlaagde Leieboorden aan de Broeltorens.

DE WIJKEN

De Leie heeft een prominente plaats in het Kortrijkse stadsbeeld. De rivier splitst op een gegeven plek en omarmt zo het **Buda-eiland**. Deze wijk zou z'n naam te danken hebben aan de Hongaarse hoofdstad Boedapest. Op het einde van de 17e eeuw zag de Franse bouwmeester Vauban namelijk de gelijkenis tussen de versterkte stad Buda in Hongarije en die van het Kortrijkse eiland. Al snel kreeg deze de naam 'klein Buda' en die bleef in de volksmond bewaard.

Door de jaren heen is het Buda-eiland een 'toevluchtsoord' voor artistiek talent geworden. De Budatoren en Budafabriek bieden een platform voor creatief talent uit allerlei sectoren, in de **Budascoop** geniet je van alternatieve films en de BUBOX biedt ruimte voor hedendaagse beeldende kunst. Zo vormt het Buda-eiland het kloppende designhart van de stad.

Een absolute topper in deze route is de Budastraat, een van de oudste straten van Kortrijk. Het imposante **Onze-Lieve-Vrouwehospitaal** sleurt je het verleden in, terwijl de vele restaurants en cafés het hippe imago van de stad in kaart brengen. De **Leieboorden** voeren je naar het rustige **Begijnhofpark** met **Kortrijk 1302**, waar je het verhaal van de Guldensporenslag ontdekt. De historische slag wordt verder herdacht met het bijzondere **Groeningemonument**.

Trek gerust een hele dag uit voor deze route, want het aantal adresjes waar je uren kunt spenderen, is niet op een hand te tellen. Zo kun je op een zonnige dag uren liggen genieten op **Buda Beach** of een kroegentocht houden in de Budastraat en de omliggende straten.

WEINIG TIJD? DIT ZIJN DE HOOGTEPUNTEN:
VERLAAGDE LEIEBOORDEN + BUDA BEACH + KORTRIJK WEIDE + COLLEGEBRUG + BEGIJNHOFPARK

TIPS
// Leuke route om te fietsen
// Geschikt voor op zondag: veel adressen zijn dan geopend
// Ideaal voor foodies

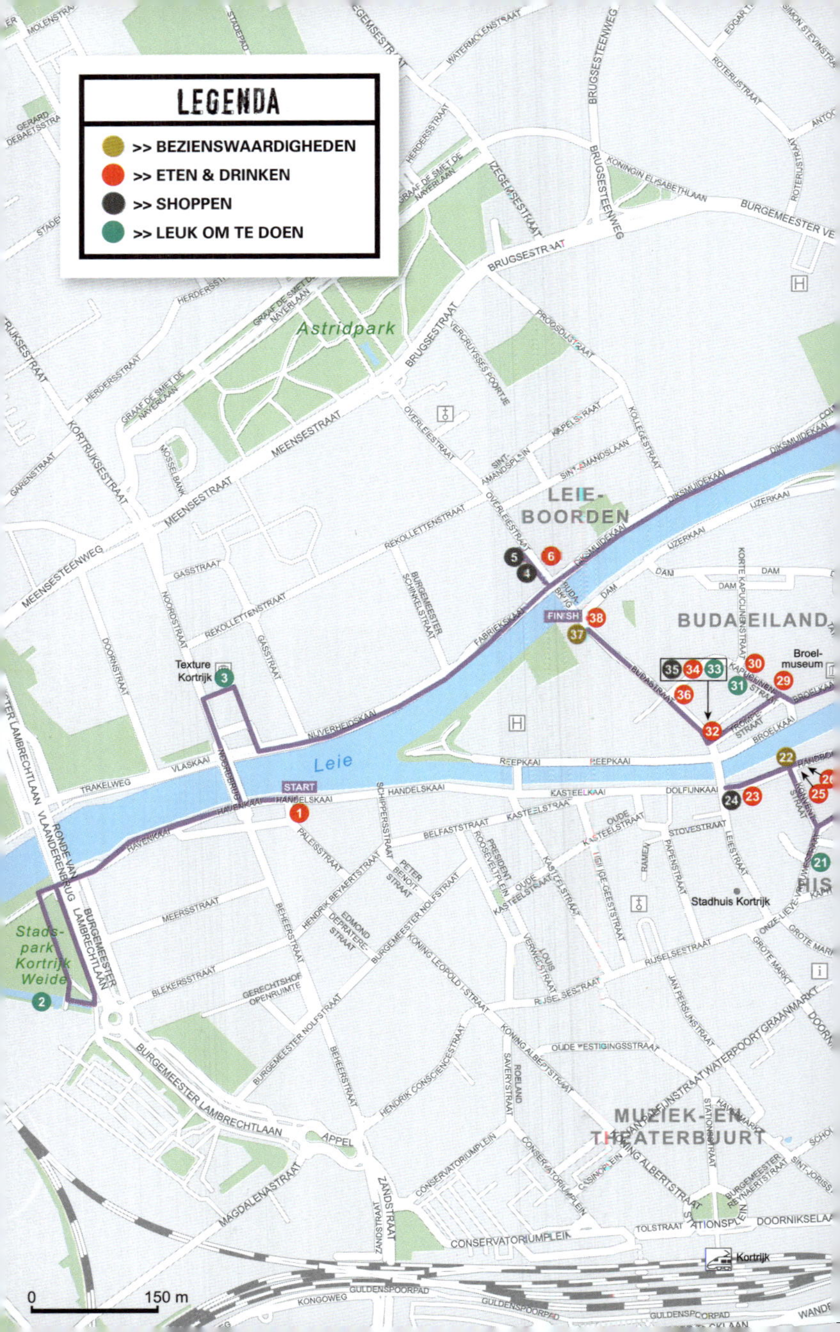
LEGENDA
>> BEZIENSWAARDIGHEDEN
>> ETEN & DRINKEN
>> SHOPPEN
>> LEUK OM TE DOEN
Astridpark
LEIE-BOORDEN
BUDAEILAND
Broel-museum
Texture Kortrijk
Leie
START
FINISH
Stadhuis Kortrijk
Stads-park Kortrijk Weide
MUZIEK- EN THEATERBUURT
Kortrijk
0
150 m

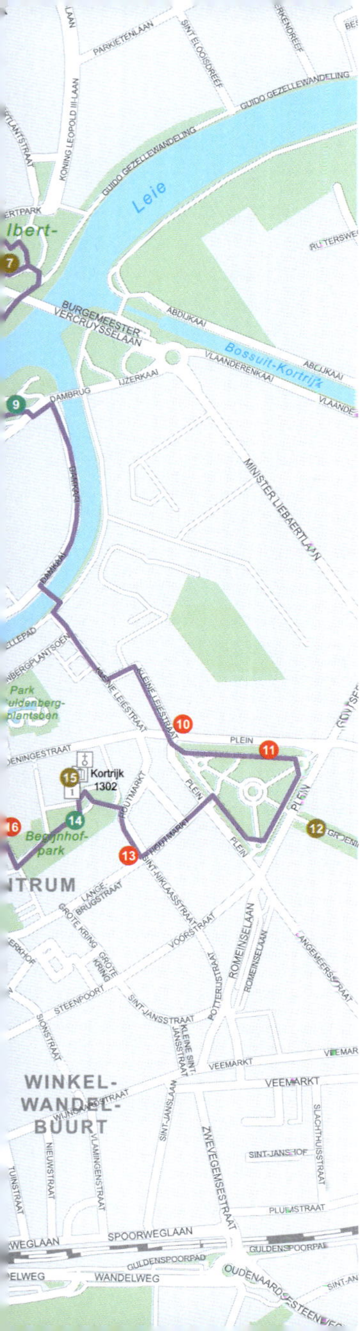

KORTRIJK BUDA-EILAND & LEIEBOORDEN

1. Balthazar
2. Kortrijk Weide
3. Texture / Kaffee Damast
4. De Beste Kamer
5. MOMO
6. Malmo
7. Nationaal Leiemonument / Koning Albertpark
8. Collegebrug
9. Buda Beach / Bar Amorse
10. De Trog Eethuis
11. T Plein
12. Groeningepoort / Groeningemonument
13. Café Cusco
14. Begijnhofpark
15. Kortrijk 1302
16. ViEr
17. Barcyclette
18. Artillerietoren
19. Brasserie St-Medard
20. Onze-Lieve-Vrouwekerk
21. Kuro Neko
22. Verlaagde Leieboorden
23. Lily's Noodle House
24. Bakkerij Hoornaert
25. 't Fonteintje
26. Streat Global Food Kitchen
27. Va et Vient
28. Broeltorens
29. Split
30. Mary's Irish Bar
31. Budascoop
32. De KleinKeuken
33. The Lab
34. deDingen
35. TWEE
36. Bistro Tout Court
37. Onze-Lieve-Vrouwehospitaal
38. Buda Kitchen

ROUTEBESCHRIJVING (ca. 5,6 km)

Start op de Handelskaai met een lunch uit de rasechte Belgische keuken 1, waarna je met de Leie aan je rechterhand wandelt naar Kortrijk Weide 2. Na een plons in het subtropisch zwembad of een wandeling in deze groene oase keer je terug naar de Noordbrug, die je oversteekt. Aan de andere kant van de brug ligt het Texture Museum 3. Wandel terug richting het water. Via de Nijverheidskaai wandel je richting het hart van het Buda-eiland. Links in de Overleiestraat kun je eerst nog shoppen 4 5 en terug aan de Leie kun je genieten van een lekkere kop koffie 6. Vervolg je weg langs het water. Voor een stukje oorlogshistorie loop je door richting het Koning Albertpark 7, of neem rechts de opvallende Collegebrug 8 die leidt naar Buda Beach 9. Na een momentje op het stadsstrand trek je via de Damkaai naar een pittoresk voetgangersbruggetje, de Kalkovenbrug. Steek het water over, ga rechts en meteen links, naar de Kleine Leiestraat. Neem de eerste links, blijf de straat volgen en kom terecht op 't Plein. Loop een rondje door dit stadspark en maak een pitstop bij een van de eethuisjes 10 11. Na een blik op de Groeningepoort en -monument 12 verlaat je het park via de Lange-Brugstraat. Sla rechtsaf naar de Houtmarkt 13 en ga links het Begijnhofpark in 14 15. Wandel het park door en ga dan naar rechts voor ViEr 16 en Barcyclette 17. Een kleine weg leidt je richting de Artillerietoren 18. Loop links om de kerk heen en ga uitgebreid tafelen 19 met uitzicht op de Onze-Lieve-Vrouwekerk 20. Passeer de kerk, ga links op de Onze-Lieve-Vrouwestraat en maak kennis met de katten van Kuro Neko 21. Keer terug en ga links via de Konventstraat richting de Verlaagde Leieboorden 22. Zowel links 23 24 als rechts 25 26 27 is er op culinair vlak voldoende te beleven. Via de Guido Gezellestraat loop je naar de Broeltorens 28. Steek de Broelbrug over. Aan de overkant ga je links en wandel je over de Broelkaai richting een ander eetparadijs 29, een Irish pub 30 en een bioscoop 31 in de Kapucijnenstraat. Loop een stukje terug en volg het kleine pad genaamd de Trompetstraat richting de Budastraat, waar je rechts afslaat en tal van leuke adresjes vindt om deze route te eindigen 32 33 34 35 36 37 38.

BEZIENSWAARDIGHEDEN

⑦ Het **Nationaal Leiemonument** is een verzameling van beelden in het **Koning Albertpark**. Centraal staat een bronzen sculptuur van de voormalige Belgische koning Leopold III, die tijdens de Tweede Wereldoorlog de opperbevelhebber van het Belgische leger was. Samen met de beelden van soldaten vormt het monument een eerbetoon aan de Leieslag van 1940. Rondom het monument zijn er tal van zitbankjes. Ideaal dus voor een rustmoment langs de oevers van de Leie.
koning albertpark, entree gratis, bus 50, 51 sint-maartenskliniek,

⑧ Het is praktisch onmogelijk om de **Collegebrug** - ook wel de fietsersbrug - te missen. De brug slingert als het ware tussen de Diksmuidekaai en de IJzerkaai. Het ontwerp is een realisatie van Laurent Ney in samenwerking met SumProject en maakt deel uit van de zeven bruggen over de Leie die de stad momenteel telt. Zonder twijfel is de Collegebrug de opvallendste brug van allemaal.
ijzerkaai, bus 50, 51 sint-maartenskliniek,

⑫ De Guldensporenslag vond plaats op 11 juli 1302 op de Groeningekouter in Kortrijk. Deze historische slag vormde een belangrijk keerpunt in de Frans-Vlaamse oorlog. In Kortrijk bots je dan ook op tal van monumenten die deze slag herdenken, zoals de **Groeningepoort** en het **Groeningemonument**. Die laatste stelt de Maagd van Vlaanderen en de Vlaamse Leeuw voor. De poort biedt niet enkel toegang tot het monument, maar ook tot het park waar je tot rust kunt komen.
groeningelaan, entree gratis, bus 9, 50, 51 plein, gentsestraat 50, 51, 71, 72 74, 75

⑮ Wie denkt aan Kortrijk, denkt aan de Guldensporenslag. Deze historische slag werd op 11 juli 1302 uitgevochten op de Groeningekouter. Vandaag herbeleef je deze historische slag uit de Frans-Vlaamse oorlog in **Kortrijk 1302**. Het museum is gevestigd in de Groeningeabdij, die vroeger fungeerde als de woonplaats voor de zusters Arme Klaren. Hoe is de slag tot stand gekomen en wat waren de gevolgen van de slag voor de Vlaamse geschiedenis? Je ontdekt het allemaal in Kortrijk 1302.
begijnhofpark, www.kortrijk1302.be, telefoon 056277850, open mei-sep di-do 10.00-18.00, okt-apr di-zo 10.00-17.00, entree € 6, bus 9, 50, 51 plein

7

12

20

(18) De **Artillerietoren** werd in de 14e eeuw gebouwd, in opdracht van de Franse koning Filips de Schone. Oorspronkelijk was de toren een drinkwatertoren, maar al snel maakte de toren deel uit van de verdedigingsmuur. Samen met de Broeltorens is het dan ook het laatste overblijfsel van de vroegere stadsomwallingen. In 1990 vonden archeologen er nog een waterput met daarin een grote hoeveelheid wapens en munitie.

artillerietoren, niet geopend voor publiek, bus 9, 50, 51 plein

(20) De **Onze-Lieve-Vrouwekerk**, gebouwd in 1199, bevat een aantal belangrijke kunstschatten, zoals de *Kruisoprichting* van Antoon van Dijck en de relikwie van het Heilig Haar, dat volgens de overlevering het haar van Jezus zou zijn. Nadat je de kerk van top tot teen hebt bewonderd, ga je naar de Gravenkapel waar de geschiedenis van de kapel op een interactieve manier tot leven komt. Interessant weetje: de bekende dichter Guido Gezelle was hier ooit onderpastoor.

deken zegerplein 1, www.toerismekortrijk.be/nl/onze-lieve-vrouwekerk-en-gravenkapel, open ma-vr 8.00-18.00, za 9.00-18.00, zo 11.00-18.00, entree gratis, bus 4, 6 graanmarkt, 9, 50, 51 plein

(22) Het verhaal van de **Verlaagde Leieboorden** begon in 2005 toen de Franse landschapsarchitect Michel Desvigne de heraanleg van de kades van de Leie uitwerkte. Het plan was ambitieus: de kaaimuren verlagen en het niveau van het plein geleidelijk laten dalen tot een halve meter boven het water. Het resultaat? Een innemende ontmoetingsplaats voor locals en toeristen aan het water. Vooral tijdens de zomermaanden is dit de *place to be*.
verzetskaai, bus 4, 6 o.l.v. hospitaal, plein 9, 50, 51

(28) De **Broeltorens** zijn – samen met de Artillerietoren – de laatste overblijfselen van het middeleeuws verleden van Kortrijk. De oudste toren, de Speytorre, werd samen met de brug gebouwd in 1385. De tweede toren, de Armorietorre, kwam erbij in 1415 als opslagruimte voor munitie. Veel inwoners zien de Broeltorens als hét symbool van de stad. Een absolute must tijdens een bezoek aan Kortrijk.
broelkaai, niet geopend voor publiek, bus 4, 6 o.l.v. hospitaal, plein 9, 50, 51

(37) Aan het begin van de Budastraat staat het **Onze-Lieve-Vrouwehospitaal**, dat vermoedelijk dateert uit het begin van de 13e eeuw. Je betreedt het complex via de monumentale poort in de 17e-eeuwse voorgevel. Bezoekers kunnen op de binnenplaats wandelen en er de kapel bezichtigen. Je snuift er zo de sfeer op van een eeuwenoud klooster.
budastraat 37, open dagelijks 9.00-12.00 & 14.30-16.00, entree gratis, bus 4, 6 o.l.v. hospitaal

ETEN & DRINKEN

(1) Gelegen aan de voet van de Noordbrug kan dit gezellige volkscafé gezien worden als de start van het Buda-eiland. Bij **Balthazar** bevind je je in een Parijs-Brussels getint decor en geniet je van rasechte bistrogerechten. Denk hierbij voornamelijk aan de Vlaamse klassiekers, zoals stoofvlees, koninginnenhapjes en balletjes in tomatensaus. Ook voor een drankje zit je helemaal op het juiste adres in dit tijdloze café met een hoog bruinekroeggehalte. Het ruime buitenterras biedt uitzicht op de Leie.
paleisstraat 20, www.balthazar-kortrijk.be, telefoon 0491131211, open ma, do & zo 11.00-1.00, vr-za 11.00-4.00, prijs € 16, bus 4, 6, 40, 42, 52, 53, 60, 61, 62 de appel

⑥ **Malmo** vormt een stukje Scandinavië langs de oevers van de Leie. Je kunt hier terecht voor een stevig ontbijt of een lekkere lunch, beide geïnspireerd op de Scandinavische keuken. Ook biedt Malmo een uitgebreide ontbijt- en brunchformule, ideaal voor als je de dag met een stevige hap wil starten. De koffie-/eetbar wordt gecombineerd met een conceptstore waar je voor elke gelegenheid het ideale cadeautje vindt.

diksmuidekaai 2, www.malmokortrijk.be, telefoon 0497490881, open ma & wo-zo 9.00-18.00, prijs ontbijt € 11, lunch € 10, bus 6 sint-amandsplein

⑩ Van goedgevulde boterhammen tot gezonde salades: bij **De Trog Eethuis** zit je goed voor zowel het ontbijt als voor de lunch. Dit eethuis is gevestigd in een oud herenhuis dat eigenlijk gesloopt zou worden. Gelukkig kon dit vermeden worden en is het pand nu dus open voor het (hongerige) publiek. Het brood wordt ter plaatse gebakken met volledig biologische ingrediënten.

plein 12, detrog.be, telefoon 056202018, open ma-za 8.00-18.00, prijs boterham € 7, bus 9, 50, 51 plein

⑪ Het voormalig kaartershuisje op het Plein is omgetoverd tot de gezellige bar **T Plein**, waar je terecht kunt voor een aperitief, een verfrissend drankje of een lekkere maaltijd van 'De Potjes'. Dit zijn bereidingen in glazen weckpotten die snel opgewarmd kunnen worden. De tuin van dit café is een van de mooiste parken van Kortrijk. Regelmatig organiseert T Plein evenementen en elke zondag is er een speciaal thema waarbij andere horecazaken uit Kortrijk op bezoek komen. Een aanrader!

plein, telefoon 0468496468, open wo-do & za-zo 11.00-20.00, vr 11.00-22.00, prijs potje € 8, bus 9, 50, 51 plein, gentsestraat 50, 51, 71, 72 74, 75

⑬ Een modern volkscafé op de Houtmarkt: een betere omschrijving voor **Café Cusco** is er niet. Dit praatcafé is een realisatie van broer en zus Degryse die deze zaak sinds 2015 uitbaten. Voor de inrichting kozen ze bewust voor hout, als subtiele verwijzing naar de ligging op de Houtmarkt. Je kunt hier terecht voor een kopje koffie in de namiddag of voor een gezellige borrel 's avonds. Driemaandelijks krijgen kunstenaars de kans om er hun kunstwerken te exposeren.

houtmarkt 1, fb cuscokortrijk, telefoon 0468256660, open ma & wo-za 9.30-1.00, zo 14.00-20.00, prijs biertje € 3, bus 9, 50, 51 plein

⑯ **ViEr** – West-Vlaams voor het woord 'vuur' – is een plek waar je vurig geniet van een driegangenmenu. Dit doe je in de kloostergang en refter van het voormalige Sint-Vincentiusziekenhuis. De unieke locatie wordt gecombineerd met een pure productenkeuken waarbij smaak hoogtij viert. Amper drie maanden nadat ViEr de deuren opende, kreeg het een 14/20 van Gault&Millau en werd het uitgeroepen tot ontdekking van het jaar. Reserveer tijdig een tafeltje en ga dat proeven!
begijnhofpark, www.vierkortrijk.be, telefoon 0468577009, open di-za 19.00-21.30, prijs driegangenmenu € 48, bus 9 50, 51 plein

⑰ **Barcyclette** is een plek waar je je instant thuis voelt. Dit cafeetje is gelegen in een oud rusthuis dat zich bevindt aan de voet van het Begijnhofpark. Het huiskamergevoel is compleet met lekkere drankjes, stevige boterhammen en versgebakken pannenkoeken. Regelmatig worden er ook concerten en andere kleinschalige evenementen georganiseerd. Extra leuk is dat je hier ook van harte welkom bent om wat te werken aan je fiets: hersteldienst en café in één.
begijnhofpark , fb barcyclettefietskaffee, telefoon 0485443237, open wo-do 10.00-18.00, vr 10.00-1.00, za 13.00-1.00, prijs koffie € 3, bus 9, 50, 51 plein

32

27

OMER.

32

(19) Gezellig tafelen in een prachtig decor: welkom bij **Brasserie St-Medard**! Zowel voor de lunch als voor het diner mag je hier rekenen op heerlijke gerechten die doen verlangen naar meer. Het St. Medard Menu is een absolute aanrader voor wie uitgebreid wil eten. Het uitzicht krijg je er trouwens gratis en voor niets bij, want dit restaurant is gelegen aan de achterkant van de Onze-Lieve-Vrouwe-kerk. In de zomer staat het buitenterras langs de kerk opgesteld.

dekenzegerplein 1, www.st-medard.be, telefoon 056440223, open ma-wo & vr-zo 12.00-14.00 & 18.00-22.00, prijs € 23, menu € 49, bus 4, 6 graanmarkt

(23) Proef de Japanse en Koreaanse keuken in **Lily's Noodle House**. Van *ramen* tot *poké salads*: deze parel langs de Verlaagde Leieboorden biedt je het ultieme vakantiegevoel. Het interieur geeft je een Aziatische *feel* en ook buiten is het heerlijk vertoeven langs de oevers van de Leie. Het zicht op de Broeltorens is altijd mooi meegenomen!

handboogstraat 8, lilysnoodlehouse.com, telefoon 056727729, open ma-di & do 12.00-14.30 & 18.00-21.00, vr-za 12.00-14.30 & 18.00-21.30, zo 18.00-21.00, prijs ramen € 16, bus 4, 6 o.l.v. hospitaal

(25) **'t Fonteintje** behoort tot één van de oudste cafeetjes van Kortrijk. De opvallende trapgevel met sierlijke ankers dateert al uit de 17e eeuw. Sinds 2002 is deze plek dan ook een beschermd monument. Natuurlijk kom je hier niet enkel voor de geschiedenis. De eenvoudige eetkaart in combinatie met een hoog bruinekroeggehalte zorgt voor een uiterst ongedwongen setting. En tijdens de zomer? Dan neem je plaats op het terras langs de Verlaagde Leieboorden.

handboogstraat 12, fb fonteintjekortrijk, telefoon 0498168676, open di-do 16.30-2.00, vr-za 16.30-4.00, zo 16.30-1.00, prijs € 12, bus 4, 6 o.l.v. hospitaal

(26) **Streat Global Food Kitchen** laat je kennismaken met de wereldkeuken. Sommige gerechten zijn Mexicaans getint, terwijl andere geïnspireerd zijn op de Aziatische keuken. Zowel 's middags als 's avonds is het hier culinair genieten langs de verlaagde Leieboorden. Gedurende de dag ben je er ook welkom om enkele 'streatizers' – lekkere hapjes – te delen met vrienden.

handboogstraat 16, fb streatglobalfoodkitchen, telefoon 0491080741, open ma & do-za 11.30-0.00, wo & zo 17.00-0.00, prijs € 13, streatizer € 6, bus 4, 6 o.l.v. hospitaal

(27) **Va et Vient** is op-en-top urban. Het zijn woorden afkomstig uit de Michelingids. Het restaurant van chef Matthias Speybrouck wordt vermeld in de gids vanwege de verrassende smaakcombinaties die hij telkens weer op een bord weet te toveren. Het smakelijke menu, in combinatie met de ruwe muren, het open plafond en de sobere aankleding van het pand, maakt van Va et Vient een culinair succes. Heb je wat te vieren tijdens je bezoek aan Kortrijk en mag het wat meer kosten? Reserveer hier dan zeker een tafeltje!

handboogstraat 20, www.vaetvient.be, telefoon 056204517, open di-do 12.00-13.30 & 19.00-20.30, vr 12.00-13.30 & 19.00-21.00, za 19.00-21.00, prijs tweegangenmenu lunch € 30, driegangenmenu diner € 40, kleine k menu diner € 60, bus 4, 6 o.l.v. hospitaal

(29) *Easy come, easy go*: zo luidt het motto van **Split**. Het concept combineert een uitgebreide cocktailkaart met een tapaskaart die voor elk wat wils biedt. Jij bepaalt hoe je de avond indeelt en met wie je jouw gerechtjes wil delen. *Foodsharing* en genieten staan hier dus centraal!

kapucijnenstraat 27, www.split-kortrijk.be, telefoon 056777732, open wo-za 17.00-1.00, zo 11.00-23.00, prijs tapas € 9, cocktail € 10, bus 4, 6 o.l.v. hospitaal

(30) Heb je een zwak voor het Irish pub-concept? Dan moet je zeker even binnenspringen bij **Mary's Irish Bar**. Neem eerst even de tijd om het interieur in je op te nemen, want dat is echt de moeite waard. Een prachtige open haard, een mooi memorial-hoekje voor de gesneuvelde soldaten van de Eerste Wereldoorlog en een ellenlange tafel waar je zo met twintig man aan kunt tafelen. Ontdek de ruime waaier aan whisky's en proef de authentieke Ierse keuken. Mijn aanrader? 'Dirty Irish Fries'.

kapucijnenstraat 19, irishmarys.be, telefoon 056326616, open ma-do 15.00-2.00, vr 11.00-2.00, za-zo 11.00-3.00, prijs dirty irish fries € 8, whisky € 5, bus 4, 6 o.l.v. hospitaal

(32) In **De KleinKeuken** ben je van harte welkom voor een vegetarische of vegan lunch. De setting is open en straalt een typische hipstersfeer uit: witte bankjes, vegan kookboeken, planten en een open keukengedeelte. Ook na de lunch kun je er genieten van vegan nagerechten. Proef er zeker de kruidige appelsap met gember en kaneel. Zowel heerlijk in de winter als in de zomer!

budastraat 8, fb dekleinkeuken, telefoon 0472496539, open di-za 11.30-15.00, prijs lunch € 9,50, bus 4, 6 o.l.v. hospitaal

Tea time

32

34 Kortrijk verlaten zonder een bezoekje te brengen aan **deDingen** is gewoon onmogelijk. Voor vele Kortrijkzanen is dit hun tweede huiskamer geworden. Je komt hier terecht in een gezellige setting waar de koffie rijkelijk vloeit en je uitgebreid kunt brunchen. 's Avonds verandert de huiskamer in een sfeervolle bruine kroeg. En het wordt nog beter, want er stroomt ook bier van eigen makelij door de tapkranen. Kom dat zeker proeven

budastraat 12, dedingen.be, telefoon 056907257, open do 11.00-1.00, vr-za 10.00-1.00, zo 10.00-18.00, prijs drankje € 3, kleine hap € 7, bus 4, 6 o.l.v. hospitaal

36 Klein maar fijn, dat is **Bistro Tout Court**. Gelegen op de hoek van de Budastraat kun je hier terecht voor dagverse gerechten. Klassiek met een eigentijdse twist, zo omschrijf je de menukaart het beste. Hier vind je voor ieder wat wils!

budastraat 24, www.bistrotoutcourt.be, telefoon 0472463748, open wo-vr 11.30-14.30 & 18.30-21.30, za 11.30-14.30, 18.30-22.00, zo 11.30-14.30, prijs € 23, driegangenmenu € 37, bus 4, 6 o.l.v. hospitaal

38 Wat krijg je als je een rusthuis combineert met een hippe *workplace* waar iedereen welkom is voor een drankje en een hapje? **Buda Kitchen**, aan het begin van de Budastraat. Dit nieuwe concept biedt een totaalervaring waarbij je mag aanschuiven voor pasta, soep, verse dagschotels en originele slaatjes. Ontmoetingsplaats, co-workingspace of bistro: de veelzijdigheid van Buda Kitchen weet iedereen te charmeren!

budastraat 52, www.budakitchen.be, telefoon 056321398, open ma-vr 11.30-17.30, za-zo 11.30-18.00, prijs koffie € 2, dagschotel € 7, bus 6 sint-amandsplein

SHOPPEN

4 Stoelen, tafels, verlichting en decoratie: voor de nodige inspiratie voor je eigen interieur zit je helemaal goed in **De Beste Kamer**. De winkel biedt exclusieve merken zoals HAY, String, ferm LIVING, Normann Copenhagen, Quinze & Milan, Zuiver en Bloomingville. Ga erheen en wie weet vind je er wel het servies van je dromen of dat ene dekentje dat nog ontbrak in je collectie.

overleiestraat 3, www.debestekamer.be, telefoon 0474806776, open wo 14.00-18.00, do-za 11.00-18.00, bus 6 sint-amandsplein

⑤ **MOMO**, *interior for little monsters*: de slogan van deze winkel laat alvast weinig aan de verbeelding over. Deze knusse zaak biedt een ruim aanbod van originele meubels, speelgoed en knuffels voor kinderen. Alle items zijn met veel passie ontworpen door verschillende designers. Ook voor de allerkleinsten mag het al eens wat meer zijn, toch?
overleiestraat 9, www.momokids.be, telefoon 056901302, open wo & za 11.00-18.00, bus 6 sint-amandsplein

㉔ De eerste vestiging van **Bakkerij Hoornaert** opende de deuren in 1927 en door de jaren heen kwamen er daar nog vijf bij. Zo ook deze op de hoek van de Leiestraat. Voor een snelle hap kun je hier terecht voor een belegd broodje, maar ga er zeker heen om kennis te maken met twee Kortrijkse specialiteiten: Kortrijkse beschuiten en de Kortrijkse Kalletaart. Leuk ook om mee te nemen als souvenir.
leiestraat 46, www.bakkerijhoornaert.be, telefoon 056201979, open ma-do & za 8.00-18.00, zo 7.00-18.00, bus 4, 6 o.l.v. hospitaal

㉟ De zusjes Justine en Zoe vormen **TWEE**, een trendy winkel waar je hedendaagse kleding en accessoires voor vrouwen vindt. Met onder andere Just Female, Mieke Dierckx en Samsøe & Samsøe in de rekken ontdek je hier de niet-alledaagse merken. Een uniek adresje waar je ook producten zoals keramiek, zeep en (droog)boeketten kunt kopen.
Budastraat 14, www.twee-kortrijk.be, telefoon 056443449, open ma, wo, vr & za 10.00-18.00, do 10.00-19.00, bus 4, 6 o.l.v. hospitaal

LEUK OM TE DOEN

② **Kortrijk Weide** is een nieuw stadsdeel waar tal van verschillende functies samenkomen. Pik een concert of fuif mee in de **Départ** of neem een kijkje in de **Urban Sports Hall**, waar skaters en freerunners zich als een vis in het water voelen. Op het Nelson Mandelaplein is er plaats voor een gloednieuw subtropisch zwembad, **Lago**. Heb je zin om te picknicken tijdens je bezoek aan Kortrijk? Trek dan naar de vuurplaats waar het gezellig vertoeven is met vrienden.
nelson mandelaplein 19, bus 4, 6, 40, 42, 52, 53 60, 61, 62 de appel

BEN

4

③ **Texture** vertelt de geschiedenis van vlas en linnen in de regio van Kortrijk. Het museum is opgedeeld in drie kamers: Wonderkamer, Leiekamer en Schatkamer. In elk van de drie maak je uitgebreid kennis met oude verhalen, maar ontdek je ook hoe vlas en linnen tegenwoordig volop aanwezig zijn in je leven. Na een museumbezoek kun je terecht in **Kaffee Damast** voor een lekkere hap bereid met streekproducten.

noordstraat 28, www.texturekortrijk.be, telefoon 056277470, open mei-sep do-zo 10.00-18.00, okt-apr di-zo 10.00-17.00, entree € 6, bus 4, 6, 40, 42, 52, 52, 60, 61, 62 meensepoort

⑨ Als de eerste lentezon weer tevoorschijn komt, bevindt bijna heel Kortrijk zich op **Buda Beach**. Deze idyllische plek langs de oevers van de Leie is een hotspot tijdens de warme maanden van het jaar. **Bar Amorse** opent er de deuren om jong en oud van de nodige drankjes te voorzien. Er zijn strandstoelen aanwezig zodat je zelf je plekje langs het water kunt uitkiezen. Voor de kinderen is er een ruime zandbak om in te spelen.

ijzerkaai, entree gratis, prijs strandstoel gratis, bus 50, 51 j. liebaertlaan

(14) Het **Begijnhofpark** is een groene oase van rust in het centrum van Kortrijk. Strek er de beentjes en neem de historische omgeving volledig in je op. In het park is er niet enkel plaats voor zitbankjes, maar ook voor de dienst Toerisme en het museum Kortrijk 1302. Neem voor je bezoek een kijkje in de agenda van de stad, want geregeld vinden er openluchtevenementen in het park plaats.
begijnhofpark, open dagelijks, entree gratis, bus 9, 50, 51 plein

(21) Uniek in Kortrijk en omstreken: een kattencafé! Bij **Kuro Neko** geniet je van een dampende kop koffie of een verfrissend pintje onder het gezelschap van een tiental katten. Kattencafés zijn vooral zeer populair in Japan, maar ook bij ons raken ze steeds meer ingeburgerd. Let wel dat je de huisregels volgt zodat het aangenaam blijft voor alle katten en bezoekers. Goed om te weten: de minimum-leeftijd voor het kattencafé is 8 jaar.
onze-lieve-vrouwestraat 20, kuro-neko.be, telefoon 056140240, open ma-di & do-vr 13.30-18.00, za 10.30-18.00, prijs koffie € 3, bus 4, 6, 9, 50, 51 markt

(31) Zin om een filmpje mee te pikken tijdens je bezoek aan Kortrijk? Ga dan zeker langs bij de **Budascoop**, een kleinschalige bioscoop die iedere maand weer verrast met alternatieve films. De Vlaamse film floreert hier, maar ook internationale films, die je niet meteen op het grote scherm ziet verschijnen, krijgen hier een kans bij het grotere publiek.
kapucijnenstraat 10, www.budakortrijk.be, telefoon 056277490, open dagelijks vanaf 19.30, prijs bioscoopkaartje € 9,50, bus 4, 6 o.l.v. hospitaal

(33) **The Lab** zou zomaar de favoriete stek kunnen zijn van de personages uit *The Big Bang Theory*. Het is namelijk een adres waar je terecht kunt voor verschillende activiteiten. Bestel een unieke cocktail, die op een geeky manier geserveerd wordt, in de Social Club. Creëer zelf je lunch bij Nucleus Food en game erop los in de Virtual Room of de Game Hall. Voor typische 'nerd' accessoires, zoals posters van Marvel en Star Wars, ben je hier ook op het goede adres.
budastraat 10, www.thelab.be, telefoon 056193659, open ma-wo 18.00-0.00, do-zo 10.00-2.00, prijs gamen € 1 per uur, virtual reality € 17 per uur, lunch € 10, bus 4, 6 o.l.v. hospitaal

time to momo

HOTELS

Een fijn bed, een lekker ontbijt en een mooi interieur: het zijn allemaal ingrediënten voor een goed hotel. Dit zijn onze favoriete slaapplekken in de leukste wijken.

Eindhoven – Hotel Marienhage

Slapen in een monumentaal klooster

Relax ;-)

Rotterdam - Room Mate Bruno

Hip hotel gevestigd in een gerenoveerd pakhuis.

Kortrijk - Hotel Damier

Alles in dit luxe hotel is fotogeniek.

Den Haag – The Student Hotel

Jong, funky en hip hotel met goede pizza's.

Antwerpen – Hotel Indigo

Heerlijk hotel, origineel ingericht, met fantastisch ontbijt

Kijk online voor nog meer favoriete hotels en boek meteen via **www.timetomomo.com/hotels/dichtbij**

INDEX

ALGEMEEN

KORTRIJK

COLOFON

Deze gids is met de grootst mogelijke zorg samengesteld. Voor eventuele onjuistheden in de tekst is mo'media bv niet aansprakelijk. Eventuele op- en/of aanmerkingen kun je richten aan: mo'media, postbus 359, 3000 AJ Rotterdam, info@momedia.nl, www.timetomomo.com.

LOCALS/REDACTIE
Anke de Bont, Nina Swaep, Lorraine Wensing, Elza Lemahieu & Joycie de Maeyer

FOTOGRAFIE
Vincent van den Hoogen, Ilse Ouwens, Dani van Oeffelen, Marie Monsieur, Verne Fotografie, Toerisme Kortrijk

VORMGEVING
Studio 100%, Oranje Vormgevers

CARTOGRAFIE
Van Oort redactie en kartografie

BEELDREDACTIE
Laurence Harms, Oranje Vormgeving

LITHOGRAFIE
MasterColors Media

PROJECTLEIDING
Sophie Kreuze

time to momo Dichtbij
isbn 978-94-93195-25-7
nur 510, 511

1e druk februari 2021

Deze gids is gedrukt op FSC-papier